Journal
1887 - 1910

Du même auteur

Poil de Carotte, Librio n° 25
Histoires naturelles, Librio n° 134

Jules Renard

Journal
1887 - 1910

Morceaux choisis par Joseph Vebret

Librio

Préface

Journal intime. Relation quotidienne de cette part de l'existence que l'on peut se confier à soi-même sans avoir à en rougir.

Ambrose BIERCE
Le Dictionnaire du diable, Librio, 2006

Étonnant *Journal* que celui de Jules Renard, mort voilà un siècle – jeune, il n'a alors que quarante-six ans. C'est un patchwork, des carnets de travail qui décrivent la vie quotidienne de l'auteur de *Poil de Carotte*, mais par bribes, plutôt un rassemblement d'idées, un lieu de convergence, des pistes à explorer, des confidences, des bribes de conversation, un *work in progress* fait de soliloques, d'instantanés, comme autant de bijoux de concision. La Fontaine et La Bruyère ne sont jamais loin. Et chacun peut y trouver son bonheur : il y a là de la poésie, de très belles images faites de rien, quelques mots à peine (« *Les sillons, rides annuelles de la terre* »), son travail d'écrivain et ses préoccupations stylistiques (« *Le mot juste ! Le mot juste ! Quelle économie de papier le jour où une loi obligera les écrivains à ne se servir que du mot juste !* »), un regard aiguisé, donc acerbe, sur ses contemporains, et notamment les autres écrivains (« *George Sand, la vache bretonne de la littérature* »). Il y a aussi l'ironie mordante, le cynisme, le détachement face au tragique, la certitude de vieillir trop vite, l'approche ressentie de la mort. Mais s'en dégage surtout l'homme, sa lucidité sur lui-même, ses qualités, ses défauts, ses limites, l'honnête homme, sincère, soucieux de vérité, humble, loin de cette image de misogyne qui lui colle à la peau, un gentil qui voudrait être méchant, qui y parvient, mais pas toujours…

Et c'est en cela que Jules Renard se distingue des autres diaristes. Il n'écrit pas pour être lu, il ne s'adresse pas à des lecteurs potentiels, il dialogue avec lui-même, alternant entre *je*, *tu*, *il*. C'est un outil de travail, autobiographique certes (« *Nous passons notre vie à causer de ce mystère : notre vie* »), un confident virtuel, mais aussi une ligne de conduite : « *Il faut que notre* Journal, écrit-il encore le 11 mai 1894, *ne soit pas seulement un bavardage comme l'est trop souvent celui des Goncourt. Il faut qu'il nous serve à former notre caractère, à le rectifier sans cesse, à le remettre droit.* »

La plupart des journaux d'écrivains sont tournés vers les autres, racontent leur époque, relatent moult anecdotes. Celui de Jules Renard est autocentré. L'écrivain se cherche en permanence. Il n'entend pas laisser un document à la postérité, témoigner de son temps (même s'il le fait néanmoins, donnant une vision saisissante de la France d'avant 1914, d'avant la Grande Guerre), il se soigne, réalise vingt-cinq années durant une thérapie, cautérise ses plaies, l'absence d'amour et d'affection d'une mère qu'il exècre, le suicide du père, la mort du frère... Dès tout jeune, il se persuade qu'il ne réussira pas. Et passe son temps à se convaincre qu'il avait raison... Il y a là de l'aigreur, de la frustration, des colères, de l'amertume. Mais aussi des fulgurances, des images, des mots justes et de bons mots.

On ne peut que regretter l'attitude de sa veuve qui n'hésita pas à censurer, édulcorer, brûler des feuillets, près de cinquante pour cent du manuscrit au dire des spécialistes. Elle aurait notamment supprimé les passages faisant référence aux frasques amoureuses de son mari. Mais d'autres aussi sur des littérateurs qui auraient pu en prendre ombrage. Bref, de tous les journaux intimes qui nous soient parvenus à ce jour et qui furent « révisés », c'est vraisemblablement le plus mutilé. On ne dira jamais assez de mal de ces ayants droit abusifs qui se permettent de « rectifier » une œuvre dans un souci de respectabilité, pour ne point déplaire, par bêtise ou par inconscience du trésor qu'ils ont entre les mains. Ou pour récrire l'histoire. Ainsi la sœur de Nietzsche qui falsifiera l'œuvre du frère adoré pour soutenir les thèses conservatrices puis nazies. Ce fut la hantise de Léautaud. La tentation est alors grande de publier de son vivant tout ou une partie de son journal, au risque de se brouiller avec ses meilleurs amis, au pire, ou de s'autocensurer, au mieux. Comment être dès lors sincère, comme l'est Jules Renard tout au long de son *Journal* ?

Les morceaux choisis ici le sont en toute subjectivité, parce qu'ils donnent à rêver, réfléchir ou tout simplement sourire. Il n'en reste pas moins que le *Journal* de Jules Renard est un labyrinthe dans lequel il faut s'abandonner pour avoir le bonheur de se perdre.

Joseph VEBRET

1887

Sans date. Qui sait si chaque événement ne réalise pas un rêve qu'on a fait, qu'a fait un autre, dont on ne se souvient plus, ou qu'on n'a pas connu ?

Une femme a l'importance d'un nid entre deux branches.

Le talent est une question de quantité. Le talent, ce n'est pas d'écrire une page : c'est d'en écrire 300. Il n'est pas de roman qu'une intelligence ordinaire ne puisse concevoir, pas de phrase si belle qu'elle soit qu'un débutant ne puisse construire. Reste la plume à soulever, l'action de régler son papier, de patiemment l'emplir. Les forts n'hésitent pas. Ils s'attablent, ils sueront. Ils iront au bout. Ils épuiseront l'encre, ils useront le papier. Cela seul les différencie, les hommes de talent, des lâches qui ne commenceront jamais. En littérature, il n'y a que des bœufs. Les génies sont les plus gros, ceux qui peinent dix-huit heures par jour d'une manière infatigable. La gloire est un effort constant.

Comme avec des ciseaux, la femme, avec ses cuisses qui s'ouvrent, coupe les gerbes de nos désirs.

Appelons la femme un bel animal sans fourrure dont la peau est très recherchée.

15 juin. Chacun trouve son plaisir où il le prend.

18 juillet. Dites à une femme deux ou trois mots qu'elle ne comprenne pas, d'aspect profond. Ils la déroutent, l'inquiètent, la rendent anxieuse, la forcent à réfléchir et vous la ramènent consciente de son infériorité, sans défense. Car le reste est jeu d'enfant.

Il n'est, bien entendu, pas nécessaire que vous les compreniez vous-même.

22 juillet. L'amour d'une vierge est aussi assommant qu'un appartement neuf. Il semble qu'on essuie les plâtres. Il est vrai qu'on n'a pas à redouter les germes maladifs, pestilentiels, d'un autre locataire.

9 août. L'odeur d'un coquillage putréfié suffit pour accuser toute la mer.

Beau vieillard, vert sans doute, mais de ce vert particulier que lui donne le commencement de sa décomposition lente.

13 septembre. Le plus artiste ne sera pas de s'atteler à quelque gros œuvre, comme la fabrication d'un roman, par exemple, où l'esprit tout entier devra se plier aux exigences d'un sujet absorbant qu'il s'est imposé ; mais le plus artiste sera d'écrire, par petits bonds, sur cent sujets qui surgiront à l'improviste, d'émietter pour ainsi dire sa pensée. De la sorte, rien n'est forcé. Tout a le charme du non voulu, du naturel. On ne provoque pas : on attend.

28 septembre. — « Ah ! » me dit le noble vieillard en sortant de la vespasienne. « L'homme est comme un temple. Quand la colonne est brisée, il tombe, et les femmes n'y portent plus leurs dévotions. »

1er octobre. À voir un Chinois, on se demande ce que peut bien être le masque d'un Chinois.

11 octobre. Le comble du patriotisme : fuir un ciel bleu de Prusse.

13 octobre. Ses dents claquaient, applaudissant au drame de son cerveau.

23 octobre. Chez moi, un besoin presque incessant de dire du mal des autres, et une grande indifférence à leur en faire.

24 octobre. Si d'une discussion pouvait sortir la moindre vérité, on discuterait moins. Rien d'assommant comme de s'entendre : on n'a plus rien à se dire.

1er novembre. La peur de la vie. À la façon dont les plus petites choses m'impressionnent, je me demande quelles douleurs me réserve l'avenir.

5 novembre. Les descriptions de femme ressemblent à des vitrines de bijoutier. On y voit des cheveux d'or, des yeux émeraude, des dents perles, des lèvres de corail. Qu'est-ce, si l'on va plus loin dans l'intimité ! En amour, on pisse de l'or.

21 novembre. Quand on n'a plus à compter sur rien, il faut compter sur tout.

13 décembre. S'évanouir, c'est se noyer à l'air libre. Se noyer, c'est s'évanouir dans l'eau.

15 décembre. Il avait plus de cheveux blancs que de cheveux.

27 décembre. Le travail pense, la paresse songe.

1888

Février. À quoi bon tant de science pour une cervelle de femme ! Que vous jetiez l'Océan ou un verre d'eau sur le trou d'une aiguille, il n'y passera toujours qu'une goutte d'eau.

Un mot si joli qu'on le voudrait avec des joues, pour l'embrasser.

11 octobre. Il fit un poème et le commença ainsi : « Muse, ne me dis rien ! Muse, tais-toi ! »

10 novembre. Avec une femme, l'amitié ne peut être que le clair de lune de l'amour.

15 novembre. Un ami ressemble à un habit. Il faut le quitter avant qu'il ne soit usé. Sans cela, c'est lui qui nous quitte.

Les mots sont la menue monnaie de la pensée. Il y a des bavards qui nous payent en pièces de dix sous. D'autres, au contraire, ne donnent que des louis d'or.

Une pensée écrite est morte. Elle vivait. Elle ne vit plus. Elle était fleur. L'écriture l'a rendue artificielle, c'est-à-dire immuable.

Parfois la conversation s'éteint comme une lampe. On remonte la mèche. Quelques idées jettent encore quelque éclat, mais il n'y a décidément plus d'huile. La parole meurt et la pensée s'endort.

23 novembre. Le poète n'a pas qu'à rêver : il doit observer. J'ai la conviction que par là la poésie doit se renouveler. Elle demande une transformation analogue à celle qui s'est produite dans le roman. Qui croirait que la vieille mythologie nous opprime encore ! À quoi bon chanter que l'arbre est habité par le Faune ? Il est habité par lui-même. L'arbre vit : c'est cela qu'il faut croire. La plante a une âme. La feuille n'est pas ce qu'un vain peuple pense. On parle souvent des feuilles mortes, mais on ne croit guère qu'elles meurent. À quoi bon créer la vie à côté de la vie ? Faunes, vous avez eu votre temps : c'est maintenant avec l'arbre que le poète veut s'entretenir.

Pour faire certaines sottises, nous devons ressembler à un cocher qui a lâché les guides de ses chevaux et qui dort.

Tu ne seras rien. Tu as beau faire : tu ne seras rien. Tu comprends les plus grands poètes, les plus profonds prosateurs, mais, bien qu'on prétende que, comprendre, c'est égaler, tu leur seras aussi peu comparable qu'un infime nain peut l'être à des géants.

Tu travailles tous les jours. Tu prends la vie au sérieux. Tu crois en ton art avec ferveur. Tu ne te sers de la femme qu'avec réserve. Mais tu ne seras rien.

Tu n'as pas le souci de l'argent, du pain à gagner. Te voilà libre, et le temps t'appartient. Tu n'as qu'à vouloir. Mais il te manque de pouvoir.

Tu ne seras rien. Pleure, emporte-toi, prends ta tête entre tes mains, espère, désespère, reprends ta tâche, roule ton rocher. Tu ne seras rien.

Ta tête est bizarre, taillée à grands coups de couteau comme celle des génies. Ton front s'illumine comme celui de Socrate. Par la phrénologie, tu rappelles Cromwell, Napoléon et tant d'autres, et pourtant tu ne seras rien. Pourquoi cette dépense des bonnes dispositions, de dons favorables, puisque tu dois ne rien être ?

Quel est l'astre, le monde, le sein de Dieu, la nouvelle vie où tu compteras parmi les êtres, où l'on t'enviera, où les vivants te salueront très bas, où tu seras quelque chose ?

18 décembre. Quand au sceptique « pourquoi ? » le « parce que » crédule a répondu, la discussion est close.

29 décembre. Que de gens ont voulu se suicider, et se sont contentés de déchirer leur photographie !

1889

17 janvier. Il ne faut pas acheter le berceau avant : d'abord, ça porte malheur. Et puis, le malheur arrivant, qu'est-ce qu'on en ferait ?

Le savant généralise, l'artiste individualise.

18 janvier. *Âme*, c'est bien là le mot qui a fait dire le plus de bêtises. Quand on pense qu'au XVIIe siècle des gens sensés, de par Descartes, refusaient une âme aux animaux ! Outre l'ineptie qu'il y avait à refuser à d'autres êtres une chose dont l'homme n'a pas la moindre idée, il eût autant valu prétendre que le rossignol, par exemple, n'a pas de voix, mais, dans le bec, un petit sifflet fort bien fait, acheté par lui à Pan ou à quelque autre Satyre, bibelotier de la forêt.

25 janvier. Il devrait être interdit, sous peine d'amende et même de prison, à tout écrivain moderne, d'emprunter une comparaison à la mythologie, de parler de harpe, de lyre, de muse, de cygnes. Passe encore pour les cigognes.

30 janvier. L'idéal du calme est dans un chat assis.

26 février. — Madame, dit une dame mûre à une jeune dame pour la rassurer, quand j'accouche, c'est comme si je faisais un gros caca.

27 février. Un homme simple, un homme ayant le courage d'avoir une signature lisible.

29 mars. La plus sotte exagération est celle des larmes. Elle agace comme un robinet qui ne ferme pas.

8 avril. L'homme marié est au garçon ce qu'est un volume relié à un volume broché.

21 mai. — Qu'est-ce qu'il fait donc, Jules ?
— Il travaille.
— Oui, il travaille. À quoi donc ?
— Je vous l'ai dit : à son livre.
— Faut donc si longtemps que ça, pour copier un livre ?
— Il ne le copie pas : il l'invente.
— Il l'invente ! Alors, c'est donc pas vrai, ce qu'on met dans les livres ?

28 mai. L'amitié d'un homme de lettres de talent serait un grand bienfait. Il est fort dommage que ceux dont on désire les bonnes grâces soient toujours morts.

14 juin. Avons-nous une destinée ? Sommes-nous libres ? Quel ennui de ne pas savoir ! Quels ennuis si l'on savait !

9 juillet. Toute femme contient une belle-mère.

14 juillet. La femme parle toujours de son âge et ne le dit jamais.

25 juillet. L'amour : tu aimeras, c'est-à-dire que tu voudras coucher avec une femme, et que tu auras quelque temps du plaisir à coucher avec cette femme.

9 août. Un chien : on dirait une descente de lit empaillée.

28 août. C'est désespérant : tout lire, et ne rien retenir ! Car on ne retient rien. On a beau faire effort : tout échappe. Çà et là, quelques lambeaux demeurent, encore fragiles, comme ces flocons de fumée indiquant qu'un train a passé.

30 août. On a beau faire : jusqu'à un certain âge – et je ne sais pas lequel, – on n'éprouve aucun plaisir à causer avec une femme qui ne pourrait pas être une maîtresse.

5 septembre. Qu'est-ce que je demande ? La gloire ! Un homme m'a dit que j'avais quelque chose dans le ventre. Un autre m'a dit que je faisais mieux et moins sale que Maupassant un autre. Un autre encore... Est-ce ça, la gloire ? Non, les hommes sont trop laids. Je suis aussi laid qu'eux. Je ne les aime pas. Peu m'importe ce qu'ils pensent. Les femmes, alors ? Une, ce soir, jolie, au beau corsage m'a dit : « Je lis et je relis *Crime de village*. » Voilà la gloire, je la tiens. Mais cette femme est une belle imbécile. Elle n'a pas une idée. J'aimerais à coucher avec elle si elle était muette. Si c'était ça, la gloire, je n'aurais plus rien à faire. Et cependant, toute proportion gardée, ce n'est pas autre chose ! La quantité change, la qualité reste la même. C'est aussi une question d'oreille. À cette oreille un peu de ouate suffit, à cette autre il faudrait une balle de coton.

21 octobre. Il y a des gens qui donnent un conseil comme on donne un coup de poing. On en saigne un peu, et on riposte en ne le suivant pas.

Une jolie femme doit être propre et coquette dès le matin en faisant son ménage, et briller comme une pièce d'argent dans un tas d'ordures.

5 novembre. Ah ! si j'avais un secrétaire de mes rêves ! Quelles belles choses il écrirait ! Le jour, j'allume seulement ma pensée. Elle est parfois morne comme un feu qui ne veut pas prendre. Mais, dès le sommeil, elle flambe. Mon cerveau est une usine de nuit.

7 décembre. Les romanciers parlent souvent de l'odeur de la femme habillée qu'on approche d'un peu près. Il faudrait s'entendre : ou la femme se sert de parfums, et ce n'est pas elle qui fleure, ou cette odeur provient des aisselles et du bas-ventre, et alors c'est qu'elle ne se lave pas. La femme saine et propre ne sent rien, heureusement !

26 décembre. Cette sensation poignante qui fait qu'on touche à une phrase comme à une arme à feu.

1890

2 janvier. On peut être poète avec des cheveux courts. On peut être poète et payer son loyer.

Quoique poète, on peut coucher avec sa femme.

Un poète, parfois, peut écrire en français.

27 janvier. Des vers, c'est de la prose avec des gants et des bretelles américaines ; c'est de la prose qui pose, qui fait plastron comme un invité en soirée.

28 janvier. Les bourgeois, ce sont les autres.

9 février. — Avez-vous déjà donné quelque chose aux éditeurs ?

— Oui, mais ils me l'ont bien rendu !

15 février. On entre dans un livre comme dans un wagon, avec des coups d'œil en arrière, des hésitations, l'ennui de changer de lieu et d'idées. Quel sera le voyage ? Quel sera ce livre ?

17 février. Cherchez le ridicule en tout, vous le trouverez.

18 février. L'enfant, Victor Hugo et bien d'autres l'ont vu ange. C'est féroce et infernal qu'il faut le voir. D'ailleurs la littérature sur l'enfant ne peut être renouvelée que si l'on se place à ce point de vue. Il faut casser l'enfant en sucre que tous les Droz ont donné jusqu'ici à sucer au public. L'enfant est un petit animal nécessaire. Un chat est plus humain. Non l'enfant qui fait des mots, mais celui qui enfonce ses griffes dans tout ce qu'il rencontre de tendre. La préoccupation du parent est continue, de les lui faire rentrer.

20 février. Ce regard quêteur que l'acteur promène circulairement même dans ses préoccupations les plus graves, afin de s'assurer qu'on le regarde et qu'il est reconnu.

21 février. C'est quelquefois la critique d'un critique que nous n'aimons pas qui nous fait aimer le livre critiqué.

Le droit d'un critique est de renier ses articles l'un après l'autre, et son devoir est de n'avoir aucune espèce de conviction.

14 mars. Malgré l'ininterrompue continuité de nos vices, nous trouvons toujours un petit moment pour mépriser les autres.

18 mars. Un pédant est un homme qui digère mal intellectuellement.

On place ses éloges comme on place de l'argent, pour qu'ils nous soient rendus avec les intérêts.

31 mars. Défiez-vous des sceptiques à outrance : ils sont capables de juger bien sévèrement vos moindres actions.

1er avril. Faire tous les frais de la conversation, c'est encore le meilleur moyen de ne pas s'apercevoir que les autres sont des imbéciles.

21 avril. Quand on commet une indiscrétion, l'on se croit quitte en recommandant à la personne d'être... plus discrète qu'on ne l'a été soi-même.

14 mai. « Un jour, dit-il, je suis resté huit jours sans manger. »

28 mai. Un rire triste comme un clown en habit noir.

2 juin. J'ai bâti de si beaux châteaux que les ruines m'en suffiraient.

21 juin. Un peintre, c'est un homme qui porte un béret.

C'est surtout au théâtre que chacun est responsable de ses actes.

24 septembre. Nous ne connaissons pas l'Au-delà parce que cette ignorance est la condition *sine qua non* de notre vie à nous. De même la glace ne peut connaître le feu qu'à la condition de fondre, de s'évanouir.

30 novembre. La psychologie. Quand on se sert de ce mot-là, on a l'air de siffler des chiens.

10 décembre. Dès qu'une femme me montre ses dents, si belles qu'elles soient, je vois déjà sa tête en tête de mort.

27 décembre. Être prodigue, ce n'est pas si commode. Ceux qui recherchent ce défaut ne l'ont jamais.

31 décembre. Le duel est un prétexte à avocasseries, à phrases creuses, à sentences de mirliton. C'est aussi une occasion de boire beaucoup et de ne pas déjeuner. C'est un motif pour faire sortir de leur indifférence quantité d'amis glabres, qui viennent voir le combat comme des hyènes. Ils emporteront chacun un morceau du ridicule qui s'étale en plein air, et le collent en étiquette au nom de leur ami.

1891

10 janvier. Quelque intégrité que nous ayons, on peut toujours nous classer dans une catégorie de voleurs.

25 février. Un mari voit un monsieur qui serre de près sa femme.

Le mari : Dis-lui donc de finir !

La femme : Ah ! dis-lui, toi. Moi, je ne le connais pas, ce monsieur.

7 avril. Le style, c'est l'oubli de tous les styles.

15 avril. Le critique, c'est un botaniste. Moi, je suis un jardinier.

17 avril. Un homme tellement beau que lui-même se trouve ridicule.

22 avril. Un mot entendu par le père de Schwob :

Au théâtre, un bonhomme est à côté d'un monsieur au nez difforme. Tout à coup, il se tourne vers lui :

— Tenez, j'aime autant vous le dire : il y a un quart d'heure que votre nez m'embête.

L'homme au nez difforme :

— Et moi, monsieur, il y a vingt-cinq ans !

24 avril. Un monsieur glabre qui me parle tout le temps de mon livre. Comme je le trouverais insupportable s'il me parlait d'autre chose !

Un homme écrit une lettre d'amour à une femme qui ne lui répond pas.

Il cherche les raisons de ce silence.

Il finit par trouver ceci :

— J'aurais dû mettre un timbre dans la lettre.

1er mai. Qu'est notre imagination, comparée à celle d'un enfant qui veut faire un chemin de fer avec des asperges ?

2 mai. Acquiers le talent de dire sans bâiller : « C'est intéressant. »

7 mai. Prendre par le cou l'idée fuyante et lui écraser le nez sur le papier.

Je sens très bien que je vais être tourmenté par la phrase. Un jour arrivera où je ne pourrai plus écrire un seul mot.

Ma crainte était de n'être, plus tard, qu'un Flaubert de salon, inoffensif.

9 mai. Tout est beau. Il faut parler d'un cochon comme d'une fleur.

26 mai. Chaque matin songer aux gens qu'on va cultiver, aux pots qu'il faut arroser.

28 mai. Ne jamais être content : tout l'art est là.

18 juin. — Soyez tranquille ! Je n'oublierai jamais le service que je vous ai rendu.

30 juillet. La guerre n'est peut-être que la revanche des bêtes que nous avons tuées.

31 juillet. Croirait-on qu'un livre a sa pudeur, et qu'il ne faut pas trop parler de lui ?

3 août. Si on reconnaît « mon style », c'est parce que je fais toujours la même chose, hélas !

9 octobre. Le vrai bonheur serait de se souvenir du présent.

13 octobre. Un homme se console d'être doux en affirmant qu'il est féroce quand il s'y met.

Peut-être que les gens de beaucoup de mémoire n'ont pas d'idées générales.

16 octobre. — J'ai vu, monsieur, sur une table de boucher, des cervelles pareilles à la vôtre.

18 octobre. La prose doit être un vers qui ne va pas à la ligne.

30 octobre. Je ne ris pas de la plaisanterie que vous faites, mais de celle que je vais faire.

8 novembre. Très jeune, on a de l'originalité, mais pas de talent.

25 novembre. J'ai fait le calcul : la littérature peut nourrir un pinson, un moineau.

30 novembre. Il y a des critiques qui ne parlent que des livres qu'on va faire.

1er décembre. Comme c'est vain, une idée ! Sans la phrase, j'irais me coucher.

2 décembre. Les gens auxquels on trouve du talent et qu'on ne lit jamais.

3 décembre. Tout cela est bien, mais quand irons-nous dans la lune ?

4 décembre. Il était si laid que, lorsqu'il faisait des grimaces, il l'était moins.

7 décembre. Il n'y a qu'une façon d'être un peu moins égoïste que les autres : c'est d'avouer son égoïsme.

11 décembre. J'avoue très humblement mon orgueil.

16 décembre. Il est bien malheureux que notre goût avance quand notre talent ne bouge pas.

17 décembre. — En somme qu'est-ce que je dois à ma famille ?
— Ingrat ! Des romans tout faits.

1892

2 janvier. Un poète symboliste lit à un de ses amis la description d'une maîtresse.

— Est-il possible, s'écrie l'ami, de massacrer ainsi une femme ! Dire qu'il nous faudra mourir, qu'il nous est impossible de n'être point nés !

4 janvier. Tomber sur un livre à regards raccourcis.

21 janvier. Un beau parleur, c'est un homme qui jongle très bien avec des boulets vides.

26 janvier. J'attends l'inspiration, comme une pompe. Imiter la nature, je veux bien, mais qu'elle commence !

27 janvier. Il faut que l'homme libre prenne quelquefois la liberté d'être esclave.

30 janvier. Certaines gens voient comme si leurs yeux étaient au bout d'une perche, très loin de leur cerveau.

4 février. Il se prenait la tête par la nuque et la secouait sur la page blanche comme pour y faire tomber les mots pas mûrs, difficilement détachables.

6 février. N'être pour soi pas trop sévère, et n'exiger des autres que la perfection.

12 février. Il n'y a qu'une chose qui me gênerait : c'est mon propre mépris ; mais, matériellement, je ne peux pas me cracher à la face.

15 février. On peut être un méchant cérébral ; on ne doit être bon que de fait.

18 février. Quand il se regardait dans une glace, il était toujours tenté de l'essuyer.

9 mars. Ah ! parmi nos petites gloires lumineuses, que de bouts de chandelles !

14 mars. Est-ce que le fils de Verlaine ressemble à Rimbaud ?

15 mars. Analyser un livre ! Que dirait-on d'un convive qui, mangeant une pêche mûre, en retirerait les morceaux de sa bouche pour voir ?

1er avril. Renoncer absolument aux phrases longues, qu'on devine plutôt qu'on ne les lit.

2 avril. Il a pour lui l'éternité, montre en main.

5 avril. Le moment est venu de se fatiguer des cris des littérateurs contre la littérature. N'en faites pas, c'est simple !

15 avril. Pourquoi, en latin *quotquot* ne signifie-t-il pas le chant d'une poule ?

26 avril. Un livre nous déplaît partout où il nous ressemble.

30 avril. L'ironie est la pudeur de l'humanité.

13 mai. Ne jamais rien faire comme les autres en art ; en morale, faire comme tout le monde.

14 mai. S'il suffisait de se coller un timbre rare sur le dos pour se retrouver à l'étranger !

19 mai. L'artiste est celui dont le goût va plus vite que le talent.

11 juin. Le talent, c'est comme l'argent : il n'est pas nécessaire d'en avoir pour en parler.

J'ai déjà des ennemis parce que je n'ai pas pu trouver de talent à tous ceux qui m'ont dit que j'en étais plein.

Des sourires qui sont comme de vilains éclairs de ciels très chargés.

9 juillet. Écrire avec des mots recuits.

11 juillet. Être clair ? Nous sommes si peu capables d'effort pour comprendre les autres !

16 juillet. On lui avait dit qu'une écriture montante était un signe d'avenir, et il signait de la cave au grenier.

25 juillet. Il est sourd de l'oreille gauche : il n'entend pas du côté du cœur.

5 août. Un instant supposez-le mort, et vous verrez, s'il n'a pas de talent !

Je vous croyais mort ! Enfin, ce sera pour une autre fois.

10 septembre. La peur de l'ennui est la seule excuse du travail.

5 octobre. Amitié, mariage de deux êtres qui ne peuvent pas coucher ensemble.

La mort des autres nous aide à vivre.

7 octobre. La clarté est la politesse de l'homme de lettres.

13 octobre. Je ne fais pas de vers, parce que j'aime tant les phrases courtes qu'un vers me semble déjà trop long.

26 octobre. L'homme de vraie gloire, c'est celui qu'on connaît et dont on n'a jamais rien lu. Les « trompettes de la Renommée » ne nous ont clamé que son nom.

27 octobre. — Je lis dans le feu, dit-elle.

Et lui : — Voulez-vous que j'allume un incendie ?

28 octobre. Le monsieur qui nous dit : « Et moi aussi, j'ai passé par là ! »

Imbécile ! Il fallait y rester : alors, tu m'intéresserais.

1893

5 janvier. Ses gestes surtout le distinguaient. Il prenait des mots à même sa bouche et, les enlevant, les faisait miroiter un moment entre ses doigts, comme des bagues.

7 janvier. Lire toujours plus haut que ce qu'on écrit.

Le sourire est le commencement de la grimace.

11 janvier. Quand il fait l'éloge de quelqu'un, il lui semble qu'il se dénigre un peu.

22 janvier. Quand il a fait une belle phrase, c'est un pêcheur qui vient de prendre un poisson.

Les journalistes, vous savez, ces messieurs qui écrivent, pour avoir des passes sur les chemins de fer.

Vous vous préoccupez d'être relus ? Tâchez donc, d'abord, d'être lus.

Ce portrait extraordinaire : on dirait qu'il ne va pas parler.

L'un :

— Je me vends, donc j'ai du talent.

L'autre :

— Je ne me vends pas, donc, j'ai du talent.

24 janvier. Écrire sur un ami, c'est se fâcher avec lui.

27 janvier. Il n'est pas plus difficile à un gros homme d'avoir de pensées délicates qu'à une grosse main d'avoir une fine écriture.

29 janvier. Aujourd'hui on ne sait plus parler, parce qu'on ne sait plus écouter. Rien ne sert de parler bien : il faut parler vite, afin d'arriver avant la réponse, on n'arrive jamais. On peut dire n'importe quoi n'importe comment : c'est toujours coupé. La conversation est un jeu de sécateur, où chacun taille la voix du voisin aussitôt qu'elle pousse.

1er mars. Il y a une mesure pour tout : dès qu'on en sort, on la dépasse.

27 mars. Des yeux bien fendus qu'on aurait plaisir à enlever avec un tournevis.

Ils ne me lisaient pas tous, mais tous étaient frappés.

La haine soutenant mieux que l'amitié, si l'on pouvait haïr ses amis on leur serait plus utile.

Il faut aimer la nature et les hommes malgré la boue.

30 mars. Il y a des gens qui, toute leur vie, se contentent de dire : « Évidemment ! Parfaitement ! C'est horrible, admirable, extravagant, bien curieux. » Par eux-mêmes ils n'ont aucune valeur, mais ils sont d'un grand secours à autrui : ils lui servent de verbes auxiliaires.

Mon ami ne me sert qu'à embêter ceux de mes ennemis qui sont ses amis.

1er avril. Comprendre tout, c'est n'égaler rien.

24 avril. Monter au ciel par une corde de pendu.

26 avril. Plus on lit, et moins on imite.

28 avril. Oui, je sais. Tous les grands hommes furent d'abord méconnus ; mais je ne suis pas un grand homme, et j'aimerais autant être connu tout de suite.

4 mai. La nature m'émeut, parce que je n'ai pas peur d'avoir l'air bête quand je la regarde.

Et les heures où, se sentant un peu serin, on aime les oiseaux.

9 mai. Si l'on ne m'avait pas fait croire que j'étais un grand artiste, j'eusse fait de belles choses.

12 mai. Dis quelquefois la vérité, afin qu'on te croie quand tu mentiras.

Le monde n'a peut-être été créé que pour réaliser le mal. Si, au lieu de contrarier le mouvement, nous le suivions, on obtiendrait un bon résultat.

13 mai. Je lui trouve une mine d'animal intelligent : il n'a en trop que la parole.

20 mai. La plus extraordinaire femme qu'on ait jamais rencontrée est celle qu'on vient de quitter.

27 mai. La gloire lui valut d'être quelquefois invité à dîner par des vieilles femmes, incapables même de devenir enceintes.

Il faudrait renaître une vie pour la peinture, une autre pour la musique, etc. En trois ou quatre cents ans, on pourrait peut-être se compléter.

15 juin. Il était si sale que, quand un chien le léchait, on pouvait penser que c'était pour le nettoyer.

Elle laisserait échapper un secret qu'elle n'a pas.

1er juillet. Bouderie : une grève de gamins.

8 juillet. De l'utilité des marées. La mer va d'un rivage à l'autre pour boucher les trous de sable que font les enfants sur la plage.

15 juillet. Fier d'avoir remarqué que, quand une femme pète, tout de suite après elle tousse.

17 juillet. Le petit bonhomme auquel vous demandez : « Combien ce bouquet ? » et qui vous répond : « Cinq centimes » au lieu de « Un sou », est déjà pris de vanité littéraire.

Sa bouche n'était plus qu'une caverne où puaient des os rongés.

26 juillet. Son âme : une bulle d'air dans une boule de chair.

18 août. Le rôle de quelques pères est de se venger, sur leurs enfants, de ce qu'ils sont embêtés à cause d'eux.

5 septembre. Tout de même, un jour, je l'ai vu passer, le bonheur, passer devant moi, à l'horizon, en express.

Je ne m'embête nulle part, car je trouve que, de s'embêter, c'est s'insulter soi-même.

Un hameau où les arbres seuls sont capables d'émotion.

Le style, c'est le mot qu'il faut. Le reste importe peu.

6 septembre. Quand on annonça à cet homme de gouvernement : « Votre femme est morte », il demanda :

— Est-ce officiel ?

Heureux quand nous connaissons une famille où nous pouvons nous plaindre de notre famille.

Il faut avoir de grosses illusions bien grasses : on a moins de peine à les nourrir.

19 septembre. Les critiques ont droit à de l'indulgence, qui parlent tout le temps des autres et dont on ne parle jamais.

Ils écrivent pour ceux qui n'ont pas de Larousse.

20 septembre. — Je n'ai jamais d'entrain, dit-elle. Je symbolise l'amour qui bâille.

21 septembre. Le style, c'est ce qui fait dire au directeur, d'un auteur : « Oh ! c'est bien de lui, ça ! »

25 septembre. Comme homme, accepter tous les devoirs, comme écrivain, s'accorder tous les droits, et même celui de se moquer de ses devoirs.

29 septembre. Oh ! on peut lui dire que c'est un garçon ! elle est si bonne mère qu'elle ne vérifiera pas !

30 septembre. Tu as l'air d'une poule qui dirait : « Tiens ! Je crois tout de même que j'ai pondu ! »

14 octobre. Oh ! critique, je comprends très bien votre critique. Vous savez, entre nous, moi, je ne me plais pas toujours, non plus.

1er novembre. S'il y avait une Parque qui coupait le fil des jours, il y en avait une qui faisait les reprises.

4 novembre. En général, rien de plus insipide que les conversations des voyageurs. Ils ont changé de place, non d'idées.

De temps en temps, il glissait adroitement dans la conversation une idée que les autres développaient.

8 novembre. Si vieux, qu'il ne sort de sa bouche que des mots qui ont l'air historiques.

21 novembre. Mal nourris, tous mes projets sont morts de faim.

22 novembre. Un jour, il épousa une idée, pauvre, mais bonne, qui le rendit heureux toute sa vie. Et ils n'eurent pas plus le sou à leurs noces d'or qu'à leurs noces d'argent.

Le visage de l'ivrogne comme gravé à l'eau-de-vie.

Je ne réfléchis pas : je regarde et laisse les choses me toucher les yeux.

23 novembre. Un mot de vieille femme sur le pas de sa porte, au crépuscule.

— Mais vous n'y voyez plus, ma vieille !

— Je tricote au son de mes doigts.

Il y a certains services qu'on a l'air de vous demander et qu'il faut bien se garder de rendre.

4 décembre. Des mots qui sont comme les boutons de chaleur de l'esprit.

Comment ! Je donnerais ma place à une vieille femme qui, non contente de monter sur la plate-forme d'un omnibus, devrait être morte !

7 décembre. Il cause, comme un cheval piaffe, avec beaucoup de *fringance,* sans avancer.

C'est encore devant la mort que nous nous sentons le plus livresques.

21 décembre. Son nez a l'air plus vieux que le reste de sa figure.

22 décembre. La récompense des grands hommes, c'est que, longtemps après leur mort, on n'est pas bien sûr qu'ils soient morts.

Seule, son avarice lui restait. Elle parcourut le village et, de porte en porte, tâcha de vendre la corde avec laquelle elle devait se pendre.

Je me moque de savoir beaucoup de choses : je veux savoir des choses que j'aime.

Ils avaient, l'un et l'autre, tellement l'habitude de perdre que, un jour où ils jouèrent ensemble, ils perdirent tous les deux.

26 décembre. À la fin d'une longue discussion, nous arrivâmes à conclure qu'au fond il n'y a rien de plus particulier qu'une idée générale.

1894

1er janvier. L'ironie est surtout un jeu d'esprit. L'humour serait plutôt un jeu du cœur, un jeu de sensibilité.

Il a chassé le naturel : le naturel n'est pas revenu.

3 janvier. Les doigts qui ont des fourmis plein la tête.

À chaque instant la vie passe à côté de son sujet. Il faut refaire tout ce qu'elle fait, récrire tout ce qu'elle crée.

Est-il veinard, le soleil, de se coucher déjà !

Vivre et juger sa vie : quel est l'homme capable des deux ?

4 janvier. Ma tête est comme une basse-cour. Quand j'appelle les idées poules pour leur donner du grain, ce sont les idées canes, oies ou dindes, qui accourent.

Il n'y a pas d'amis : il y a des moments d'amitié.

10 janvier. Il renvoyait les cartes de visite en mettant : « Vu et approuvé. »

11 janvier. C'était un homme méthodique : il déjeunait en mâchant du côté droit, et dînait en mâchant du côté gauche.

Le cheval s'emportant et caracolant, la locomotive eut peur et dérailla.

Il ouvrait l'œil à se déchirer les paupières.

Pourquoi vous obstinez-vous à vouloir vivre à Paris, chère demoiselle ? Vous feriez si bien dans un bordel de province !

12 janvier. Les gens sont étonnants : ils veulent qu'on s'intéresse à eux !

Notes jetées à la hâte sur le papier : dégraissage du cerveau.

Oh ! faire son voyage de noces tout seul !

Il y a trop de petits os dans ce lièvre : on a l'air de manger ses dents.

15 janvier. Que ne fait-elle, de temps en temps, brûler dans son cœur du papier d'Arménie !

26 janvier. On m'avait dit qu'il y a, dans les journaux, des littérateurs de vaisselle, sorte de cuisiniers spécialement chargés de faire des saletés aux hommes de talent, de rayer un mot de leur manuscrit ou d'en ajouter un, de supprimer, de recoudre. On me l'avait dit, mais je ne voulais pas le croire.

27 janvier. Je ne vais dans le monde que quand j'ai envie de ne pas m'amuser.

Prononcer vingt-cinq aphorismes par jour et ajouter à chacun d'eux : « Tout est là. »

Il passe son temps à chercher des gens du même avis que lui.

4 février. Les enfants devraient être des apparitions facultatives.

Il marchait sans bruit, comme un poisson.

Il n'avait besoin que de deux amis et d'un ennemi, juste ce qu'il faut pour se battre en duel.

Vous tenez à moi, à mon cœur, comme un coquillage au rocher.

20 février. J'aime à lire comme une poule boit, en relevant fréquemment la tête, pour faire couler.

22 février. Je t'aime comme cette phrase que j'ai faite en rêve, et que je ne peux plus retrouver.

Trente ans ! Et, maintenant, je suis sûr de ne pas échapper à la mort.

23 février. Si vous pensez du bien de moi, il faut le dire le plus vite possible, parce que, vous savez, ça se passera.

26 février. Enfin, elle avait fini. Nous poussâmes un gros soupir d'applaudissement.

1er mars. Je trouve cette jacinthe admirable. Elle n'a pas besoin d'amour. Elle ne se nourrit que d'eau fraîche. Car, enfin, si l'on te mettait comme elle dans un pot, tu n'irais pas loin.

2 mars. Il y a le bavardage insignifiant, et le bavardage pompeux qui signifie moins encore.

Je t'aimerai, le temps de voir dans ce grain de beauté une verrue.

5 mars. Une grande oreille où il pouvait aisément se servir de son pouce comme auriculaire.

6 mars. La vie est arrangée pour qu'à chaque instant le plus faible soit le plus fort, et que le plus bête ait le plus d'esprit.

9 mars. Je n'ai rien oublié d'elle, que sa mort.

10 mars. Pour bien arriver, il faut d'abord arriver soi-même puis, que les autres n'arrivent pas.
Comme toute comparaison originale doit forcément, à la longue se banaliser, n'en jamais faire.

17 mars. Lire un livre du bout du pouce.

20 mars. Un goût si mauvais que c'est encore du goût.
La gloire d'hier ne compte plus ; celle d'aujourd'hui est trop fade, et je ne désire que celle de demain.

25 mars. Il écrit à vol d'oiseau.

28 mars. Penser, c'est chercher des clairières dans une forêt.

29 mars. Ce n'est pas difficile, d'être exquis de temps en temps ; mais l'être toute sa vie !...

31 mars. Les gens qui veulent suivre des règles m'amusent, car il n'y a dans la vie que de l'exceptionnel.

2 avril. Les gens heureux n'ont pas de talent.

6 avril. La vérité sort de la bouche dentelée des blanches marguerites.

7 avril. Pour détruire les mouches, se mettre tout nu et s'enduire de glu liquide, mélangée d'un peu de miel ou saupoudrée de sucre, et se promener dans sa chambre. Les mouches attirées viennent se coller sur votre peau. Vous les prenez comme vous voulez. Le procédé manque d'élégance, mais il est infaillible.

9 avril. — Pourquoi êtes-vous méchant ?
— Parce que je n'ai pas la force d'être bon.

10 avril. L'homme est un animal qui lève la tête au ciel et ne voit que les araignées du plafond.

13 avril. — Un journal, ce n'est pas beaucoup plus littéraire qu'une table d'hôte.

14 avril. Dieu, celui que tout le monde connaît, de nom.

Quelques photographies et une bonne loupe, et je voyage suffisamment.

18 avril. Il voyait le moins de personnes qu'il pouvait afin de s'épargner le plus possible l'ennui des enterrements.

Prendre la vie au sérieux burlesque.

25 avril. Ne confondons pas l'homme intelligent avec l'homme de talent.

27 avril. Une cabane si petite et si pauvre que le tonnerre même ne tomberait jamais dessus.

Nous passons notre vie à causer de ce mystère : notre vie.

La préoccupation de la mort, c'est comme une nacelle d'où l'on peut voir, de haut, le petit monde.

9 mai. Rêve de grandes choses : cela te permettra d'en faire au moins de toutes petites.

11 mai. J'écris tout de même de gentilles lettres. Si les gens savaient, ils voudraient ne jamais me connaître que par correspondance.

16 mai. Il ne suffit pas d'être heureux : il faut encore que les autres ne le soient pas.

17 mai. Ma littérature, c'est comme des lettres à moi-même que je vous permettrais de lire.

25 mai. Il disait modestement : « Il y a en moi du Rousseau et du Voltaire. Il s'agit seulement de savoir qui, des deux, l'emportera. »

Mon cœur était pour vous comme une chaudière brûlante, mais, d'une main maladroite, vous avez renversé la vapeur.

26 mai. Si vous saviez comme je me sens bon quand je suis tout seul, comme j'ai toujours de bonnes relations avec moi !

Bien tuberculeux, à le juger par la pomme de terre de son nez !

29 mai. Enfin, me voilà chauve. Tant mieux ! À quoi me servaient mes cheveux ? Ils n'étaient pas une parure, et j'étais la proie de l'être ignoble, le coiffeur, qui me soufflait au visage son mépris, ou me caressait comme une maîtresse, ou me tapotait la joue comme un prêtre.

30 mai. Ma littérature n'est qu'une continuelle rectification de ce que j'éprouve dans la vie.

Comme quelqu'un qui cherche fiévreusement dans un livre ce qu'il faut faire pour ranimer le noyé couché sur la rive.

4 juin. Il a bien déjeuné, surtout il a bien bu, et il fermente sur le banc, au soleil.

22 juin. Au moment où le condamné a la tête dans la guillotine, il devrait y avoir un silence avant que le couteau tombe. Un garde républicain sortirait des rangs et remettrait au bourreau une enveloppe et celui-ci dirait au condamné : « C'est ta grâce ! » Et il ferait tomber le couteau. Ainsi le condamné mourrait dans la joie.

30 juin. Je suis franc, moi, c'est-à-dire que je parle tout le temps d'une franchise que, malgré mes efforts, je n'arrive pas à m'approprier.

1er juillet. Quand j'ouvre ma fenêtre, le matin, c'est comme si mon amie me lavait les yeux à l'eau fraîche.

De petits nuages blancs montent de la terre comme si on lui tondait la laine sur le dos.

Les coqs, à la voix gamine ou grave, jettent des commandements comme de jeunes ou de vieux chefs peaux-rouges.

Bon ! Un train lointain.

Et la voix d'une tourterelle, c'est comme si la ménagère râpait dans une casserole, avec une cuiller de bois, un reste de crème brûlée, ou, plutôt comme si tu ne faisais que rentrer et sortir pour essayer les gonds d'une porte.

Et voilà une poule qui chante comme si elle finissait de marteler sur l'enclume, à coups brefs, son œuf pondu.

Et voilà une mouche bourdonnante qui passe, comme le son court sur un fil de fer.

Et les trois coups lents d'une cloche, suivis de trois coups lents, suivis d'un carillon vif et léger.

Et la voix des canards, c'est comme des cailloux qui rebondissent, l'hiver, sur la glace des canaux.

Mais les hommes n'ont pas encore dit un mot.

Le premier qu'ils disent, c'est : « Ferme la fenêtre, et recouche-toi ! »

3 juillet. Pour arriver, il faut mettre de l'eau dans son vin, jusqu'à ce qu'il n'y ait plus de vin.

4 juillet. Il gardait ce calme qui convient à une grande nation. Il lui conseillait de lire chaque jour les faits divers pour se rendre compte de son bonheur.

7 juillet. Que la main qui écrit ignore toujours l'œil qui lit !

11 juillet. Que fait l'oiseau dans la tempête ? Il ne se cramponne pas à la branche : il suit la tempête.

18 juillet. L'été, pour l'aveugle, c'est peut-être seulement quand bourdonnent les mouches.

31 juillet. La grande horloge était couchée par terre, comme si on avait mis le temps dans un cercueil.

13 août. Heureux ceux qui sont nés parfaits ! On a beau faire : on ne le devient jamais.

21 septembre. On n'est pas heureux : notre bonheur, c'est le silence du malheur.

13 octobre. Il a un style à lui dont les autres ne voudraient pas.

2 novembre. Par ces temps d'indifférence, de prose abondante, où un beau vers ne rime à rien.

15 novembre. Pour arriver, il faut faire ou des saletés, ou des chefs-d'œuvre. Êtes-vous plus capable des unes que des autres ?

22 novembre. Le mot juste ! Le mot juste ! Quelle économie de papier le jour où une loi obligera les écrivains à ne se servir que du mot juste !

26 novembre. Elle est de ces petites femmes fragiles qui aiment mieux aimer que faire l'amour.

7 décembre. Ainsi, les malheurs des autres nous sont indifférents, à moins qu'ils ne nous fassent plaisir.

31 décembre. — Si, au lieu de gagner beaucoup d'argent pour vivre, nous tâchions de vivre avec peu d'argent ?

1895

18 janvier. Un bon mot vaut mieux qu'un mauvais livre.

19 janvier. Comment se fait-il donc qu'on connaisse toutes les bonnes actions discrètes ?

29 janvier. Pâle, comme si elle se nourrissait de neige.

1er février. Comme la neige serait monotone si Dieu n'avait créé les corbeaux !

8 février. Le ver à soie file un mauvais cocon.

14 février. En littérature, il faut arriver doucement, de peur d'attraper un chaud et froid.

Le vrai ne se distingue du faux, en littérature, que comme les fleurs naturelles des artificielles : par une espèce d'inimitable odeur.

16 février. Il faut être honnête et modeste, mais il faut dire qu'on l'est.

Ce que devient le mot cochon dans la bouche d'une jolie femme.

18 février. Les éditeurs si gentils quand on ne publie pas chez eux.

19 février. On n'est rien avant trente ans, trente-cinq ans, et je m'aperçois qu'il faut toujours reculer la date.

Oh ! le joli mot ! Il faut mettre ça quelque part. Il fait tant de jolis mots qu'il ne sait plus où les mettre.

23 février. Il faudrait, pour meubler ce grand salon, lâcher deux ou trois petits éléphants qui se promèneraient en tous sens.

Ça dura vingt-cinq ans, montre en main.

Un petit particulier humain m'intéresse plus que l'humain général.

24 février. Je n'aime à parler qu'avec des gens plus grands que moi et dont la bouche me dépasse, parce qu'ainsi les odeurs montent.

7 mars. La certitude de n'être pas seul qui console même dans un cimetière.

13 mars. Un classique est un écrivain qui veille sur la tradition.

15 mars. Le petit frisson avant-coureur d'une belle phrase qui vient.

Je voudrais, oui, je voudrais aussi qu'elle allât un peu à la messe. Ça ne me déplairait pas. Elle y montrerait sa toilette. Elle serait la plus belle. Elle ne prierait pas Dieu sottement comme une dévote inintelligente. Elle lui sourirait, lui ferait bon visage, avec l'air de dire : « Vous savez ? Si vous existez, tant mieux. Je le souhaite, mais vous ne me faites pas peur. Je vous aime sans trembler. » Elle n'irait pas aux vêpres : c'est trop froid.

19 mars. Et le roman ? Qui de nous oserait écrire un roman avec ces mots vidés de leur sens : « Je t'aime » et « Amour » ? Nous ne sommes capables que d'écrire un livre, c'est-à-dire de remplir un cahier et de vider un encrier pour notre santé intellectuelle.

10 avril. On gagne à être connu. On perd à être trop connu.

13 avril. Écrire, c'est une façon de parler sans être interrompu.

21 mai. Ce qui fait le plus plaisir aux femmes, c'est une basse flatterie sur leur intelligence.

Dans son puits de science il n'avait pas d'eau fraîche.

30 mai. Prudence n'est que l'euphémisme de peur.

29 juin. Je sais pourquoi je déteste le dimanche : c'est parce que des gens, occupés à rien, se permettent d'être oisifs comme moi.

L'orage joueur de boules derrière la montagne. Après chaque coup de tonnerre la pluie redouble comme les pleurs après les gros mots.

26 juillet. J'aime mieux m'occuper de moi que des autres, dans la crainte qu'ils ne disent : « De quoi se mêle-t-il, celui-là ? »

29 juillet. Toute notre critique, c'est de reprocher à autrui de n'avoir que les qualités que nous croyons avoir.

10 août. De la joie comme quand il pleut et qu'on sait un ami dehors.

20 août. La mer, c'est l'abîme plein jusqu'au bord.

27 août. Quand les autres me fatiguent, c'est que je me lasse de moi-même.

28 août. Je suis souvent mécontent de ce que j'ai écrit. Je ne le suis jamais de ce que j'écris, car, si j'en étais mécontent, je ne l'écrirais pas.

13 septembre. Être heureux n'est pas le but, mais il faut au moins l'avoir été.

Même en voiture, il a l'air d'aller à pied.

22 septembre. Il n'y a pas de Paradis, mais il faut tâcher de mériter qu'il y en ait un.

Impossible de voir au fond de mon cœur : la bougie s'y éteint, faute d'air pur.

21 octobre. Le corbeau : il revient de l'enterrement. Une pie en demi-deuil.

27 octobre. Les vaches font cuire au soleil le café au lait de leur ventre.

Il n'y a aucune différence entre la perle vraie et la perle fausse. Le difficile, c'est d'avoir l'air désolé quand on casse ou qu'on perd la perle fausse.

Elle a ses rides toutes prêtes. Au moindre froncement, elles se forment.

Le crapaud : il marche ventre à terre.

Il parle avec tant de lenteur qu'il ne répond jamais qu'à l'avant-dernière question.

29 octobre. La grande erreur de la justice, c'est de s'imaginer que ses accusés agissent toujours logiquement.

22 novembre. — Comme vous êtes jolie !
— Oui, il y a des hommes qui aiment ça.

25 novembre. L'homme vraiment libre est celui qui sait refuser une invitation à dîner, sans donner de prétexte.

26 novembre. Il dit à l'écho : Répète voir un peu !

27 novembre. La littérature, drôle de métier : moins on en fait et mieux il faut faire.

29 novembre. — Lis toutes les biographies des grands morts, et tu aimeras la vie.

2 décembre. La modestie va bien aux grands hommes. C'est de n'être rien et d'être quand même modeste qui est difficile.

Qu'importe le bonheur quand on n'a point la joie !

6 décembre. La douleur d'un homme intelligent fait plus mal à voir que celle d'un imbécile.

Les cimetières, ces musées de menhirs.

J'aimerais à aller aux enterrements, si l'on me prêtait la chaire comme un cabinet de travail d'où je pourrais prendre des notes sur les têtes.

J'ai connu le bonheur, mais ce n'est pas ce qui m'a rendu le plus heureux.

9 décembre. Si vous connaissez la vie, donnez-moi son adresse.

16 décembre. J'ai mis trop de ma vie dans mes livres. Je ne suis qu'un os rongé.

19 décembre. Ces gens qui ne se rappellent à notre souvenir que par des lettres de deuil.

26 décembre. Quand une actrice n'est pas ridicule à fouetter, on dit qu'elle a du talent.

Je trouve que je ressemble à beaucoup trop de personnes.

1896

8 janvier. — J'ai soif de vérité.

— Prends garde à l'ivrognerie.

Vous êtes si gracieuse que je ne peux pas vous voir couchée, comme les autres femmes, dans un lit : je m'imagine que vous dormez sur une branche.

18 janvier. Comme on serait meilleur, sans la crainte d'être dupe !

Prendre des notes, c'est faire des gammes de littérature.

L'amitié vide plus que l'amour.

24 janvier. Oh ! ces villages où je passe et qui ne me verront plus !

Un borgne, c'est un infirme qui n'a droit qu'à un demi-chien.

3 février. Oh ! en amitié, quand on s'est confié ses secrets d'argent, ça tourne mal.

Elle n'aime pas les enterrements civils : c'est trop triste.

La lâcheté des mains quand il faut l'applaudir.

10 février. Le « je ne sais quoi » d'une femme, il n'y a que ça qui compte.

On comprend toujours trop tard. Ah ! malheur aux heureux !

29 février. Il vit de rien : une petite douleur occupe toute sa vie.

Quand nous vivons intensément, sans doute prenons-nous la part des autres, dont la vie doit diminuer.

1er mars. Rien ne sert de mourir : il faut mourir à point.

12 mars. Comme c'est plus fin, des jalousies, des querelles d'amitié, que des querelles d'amour !

16 mars. Il marche toujours sur la pointe des pieds, comme attiré par l'idéal même.

18 mars. Savoir, en style, et ne jamais le laisser paraître.

8 avril. Il ne faut rire que des belles choses qu'on peut aimer. Le banal ne fait pas rire. Avant que de rire des grands hommes, il faut savoir les aimer de toute son âme.

Le rire est inattaquable puisqu'il rit de lui-même, mais il meurt tout seul au milieu des figures graves et pensives.

11 avril. Ne vis pas ! Contente-toi de toujours désirer vivre.

Sa bouche est si petite que son accent paraît léger.

17 avril. La genèse d'un esprit : 1° stupéfaction, 2° ironie, 3° enthousiasme.

Le mot est l'excuse de la pensée.

21 avril. Si j'avais du talent, on m'imiterait. Si l'on m'imitait, je deviendrais à la mode. Si je devenais à la mode, je passerais bientôt de mode. Donc, il vaut mieux que je n'aie pas de talent.

Mai. Toute la journée, travaillé d'un œil.

26 mai. La vie est courte, mais comme c'est long, de la naissance à la mort !

Juillet. C'est une duperie que de s'efforcer d'être bon. Il faut naître bon, ou ne s'en mêler jamais.

14 juillet. Je n'ai pas le délire. Je n'ai que le vif sentiment de ce qui vaut la peine qu'on soit né, et de l'inutilité du reste.

Les absents ont toujours tort de revenir.

Une piqûre d'épingle changerait vos propos sur le duel.

La meilleure santé, c'est de ne pas sentir sa santé.

18 juillet. L'artiste doit avoir tout vu et tout oublier. Il est capable de tout comprendre, mais il a l'air plutôt inintelligent.

Cet homme a dû envoyer ses témoins à l'évêque le jour où il a été confirmé.

Pourquoi m'appelle-t-on mauvais coucheur ? Je couche avec si peu de gens !

Août. La marguerite : une bouche ronde qui a des dents de tous côtés.

14 août. Dans nos joies les plus expansives, gardons toujours au fond de notre âme un coin triste. C'est notre refuge, en cas d'alarme subite.

15 octobre. Elle aime mieux adopter un enfant que d'en avoir un : ça fait moins mal.

Et votre grand-mère est bien toujours morte, n'est-ce pas ? Je ne me trompe pas ?

17 octobre. Le plus grand homme n'est qu'un enfant que la vie a trompé.

3 novembre. Si l'on donnait des ailes à l'homme pour voler dans l'infini, il ne se sentirait plus que des goûts de cul-de-jatte.

7 novembre. Nos admirateurs. Il y a le critique de province qui nous découvre et, soudain, est enthousiasmé. Il fait une première étude dans le journal de sa préfecture. On le remercie comme il convient : « Ah ! si Paris comptait quelques critiques comme vous, la gloire serait moins tardive ! », etc., etc. Aussitôt, il se met en tête de nous lancer, de réparer l'injustice des hommes. Il vous demande : 1° votre photographie ; 2° votre biographie ; 3° vos œuvres complètes ; 4° quelque chose d'inédit. Le tout paraîtra dans une grande revue internationale qu'il connaît. Et il est très étonné qu'on ne lui réponde pas.

9 novembre. Si tous mes admirateurs achetaient mes livres, j'en aurais moins.

11 novembre. J'écris d'abord une lettre d'éloges à l'auteur qui m'envoie son livre, puis je lis son livre, et je tâche de justifier ma lettre.

— Il me doit encore quinze francs.
— Vous savez qu'il est mort ?
— Oh ! alors, je lui en fais cadeau.

16 novembre. Un savant, c'est un homme qui est à peu près certain.

18 novembre. C'est douloureux, d'écrire un livre : c'est s'en délivrer.

24 novembre. Il faut aussi se plaindre de son sort pour faire valoir celui des autres.

27 novembre. Je ne vis pas, mais je vis encore trop. Il faudrait toujours assister à sa propre vie, comme du milieu d'un rêve. Tout deviendrait amusant.

28 novembre. On ne peut même pas se plagier soi-même.

1er décembre. Je ne peux plus faire de critique. Je froisserais à chaque instant des auteurs qui m'admirent à mon insu.

Un homme de lettres, c'est un homme qui a passé son baccalauréat ès lettres. Et encore !...

2 décembre. L'acte d'amour est aussi une délivrance, Après, on est tout de même un peu moins bête.

8 décembre. Si tu as plusieurs cordes à ton arc, elles s'embrouilleront, et tu ne pourras plus viser.

13 décembre. Un malin, Dieu, qui nous a ouvert l'espace sans nous donner des ailes.

17 décembre. Un matin si gris que les oiseaux se recouchaient.

19 décembre. Des sommeils épais qui sont comme des échantillons de mort.

28 décembre. — Je me déshabille.

— C'est ce que tu as de mieux à défaire.

Les gens qui se disent blasés n'ont jamais rien éprouvé : la sensibilité ne s'use pas.

Le paradis n'est pas sur la terre, mais il y en a des morceaux. Il y a sur la terre un paradis brisé.

Oh ! madame, mon ambition n'a pas de bornes. Pour arriver, je vous passerais sur le ventre.

Les peintres peuvent toujours dire que leur tableau est mal éclairé.

Une bonne grosse qui donne de gros baisers, comme si elle collait des timbres.

Sans me répondre d'une manière définitive, vous pouvez bien me dire oui.

1897

9 janvier. Ils se croient dans leur tour d'ivoire parce qu'ils relèvent le col de leur pardessus.

Quelle belle journée ! Le printemps devait être de passage à Paris, incognito ; mais tout le monde l'a bien reconnu.

13 janvier. Sans le duel, on ferait de l'escrime tranquillement.

15 janvier. Nous sommes un escalier à double révolution : quand une moitié de nous monte, l'autre descend.

Économiser, non. Ne rien dépenser, oui.

17 janvier. Il n'y a qu'aux riches qu'on se donne la peine de plaire.

Elle parle de son « intellect ». On croirait que c'est quelque chose qui est en train de cuire.

21 janvier. La grande femme dit à son tout petit mari :

— Dépêche-toi de finir, puis tu monteras m'embrasser.

22 janvier. Une femme intelligente doit nous laisser nos rêves. Je garde le droit d'aimer une femme comme de désirer un voyage à Florence. Je ne vais pas à Florence parce que je n'ai pas d'argent, ou que je n'en ai pas le temps. Je ne coucherai pas avec cette femme parce que je suis marié, ou parce qu'elle l'est, mais personne ne peut exiger que je la chasse de ma pensée. Elle me préoccupe. Elle tient de la place en moi. Femme, si tu te mets en travers de mes rêveries, malheur à nous ! Laisse-les plutôt vivre de leurs petits riens, puis mourir.

J'ai plus de disposition à être saint que coureur de femmes. Ma vie, le sérieux de mon âme, mon ambition, mes idées, tout me rapproche du saint ; mais je sens bien qu'il faudrait un miracle pour que je le devienne. Je suis à la merci d'une grue, et cela me fait peur.

Vous me croyez vain parce que je dis que j'ai du talent. Mais qu'est-ce que cela me fait d'avoir du talent ? C'est du génie que je voudrais ; et ma modestie consiste à me désespérer de n'avoir pas de génie.

Vous êtes pour moi le chardonneret qu'on ne met pas en cage, et vous êtes la fleur qu'on ne cueille pas.

Je suis comme une maison qui, ne pouvant changer de place, ouvrirait ses fenêtres pour s'emplir d'inconnu ; mais il n'entre rien, et elle perd son intimité.

23 janvier. Je voudrais être un saint, moins la prière.

25 janvier. — Pauvre femme, je vous plains. L'adultère seul peut vous tirer de là.

— Mon ami...

— Mais pas avec moi.

26 janvier. Largeur d'esprit, étroitesse de cœur.

Sage, sage, il n'y a personne de sage, que les petits enfants à qui l'on promet des joujoux.

7 février. La joie d'avoir travaillé est mauvaise : elle empêche de continuer.

Je ne veux gagner que de quoi manger, et je veux rester sur ma faim.

21 mars. La joie n'a pas de nuances : ce n'est qu'une dilatation du cœur. L'auteur d'un chef-d'œuvre applaudi et une petite femme qui fait de l'équilibre sur du fil de fer, dans un cirque, jouissent pareillement de leur gloire.

29 mars. Oui, oui ! Elle est si bonne ! Et c'est pour faire croire qu'elle a le cœur sur les lèvres qu'elle se met du rouge.

10 avril. Oui, oui ! Ce qu'il y a de plus sérieux dans le corps humain, c'est les boutons de manchette.

13 mai. Le rêve, c'est le luxe de la pensée.

14 mai. Le bonheur est dans l'amertume.

25 mai. C'est une grande preuve de noblesse que l'admiration survive à l'amitié.

28 mai. Une femme électrique qu'on n'oserait pas toucher du bout du doigt.

Quand vous me dites que je suis égoïste, c'est comme si vous me disiez que je suis bien « moi ».

9 juin. Lettre. Il me faudrait un petit adultère, oui, une courte passionnette pour une femme charmante. Vous n'auriez pas ça, des fois, ou chez vos amis, ou chez vous ?

12 juin. Les médecins prononcent certains mots techniques qui les étonnent eux-mêmes, après lesquels ils n'osent plus rien dire.

13 juin. La lune nous regarde avec son monocle.

15 juin. L'homme, cette taupe de l'atmosphère.

26 juin. On ne peut pas pleurer et penser, car chaque pensée absorbe une larme.

7 juillet. Je n'ai qu'une imagination rétrograde. Je n'imagine que le passé.

16 juillet. La voix des vieillards, qui est une voix sans os, sans arêtes.

30 juillet. Un homme civilisé, c'est celui qui aime mieux recevoir un coup de poing qu'une gifle.

Il faudrait qu'on pût me relire avant de me lire : on m'aimerait bien mieux.

Mes mots feront fortune ; moi pas.

Heureux les cochons qui occupent toute leur tête à manger, et ne parlent qu'avec la queue !

6 septembre. Ces rares instants où l'on est heureux de partout.

29 septembre. Des hommes ont l'air de ne s'être mariés que pour empêcher leurs femmes de se marier avec d'autres.

30 septembre. La vieillesse, c'est quand on commence à dire : « Jamais je ne me suis senti aussi jeune. »

C'est si ennuyeux, le deuil ! À chaque instant il faut se rappeler qu'on est triste.

La lanterne, cette grosse dame hydropique qui ne sort que le soir.

Mon âme est un vieux pot de chambre où dort un œil.

Je me surmène de paresse.

C'est étonnant, cette manie des gens qui ont réussi à Paris de conseiller aux autres de rester en province !

1er octobre. L'homme propose, et la femme dispose.

Avec de la prudence, on peut faire toute espèce d'imprudences.

Oh ! n'importe quelle femme, ça m'est égal. On a beau être deux : l'amour reste solitaire.

9 octobre. Le but, c'est d'être heureux. On n'y arrive que lentement. Il y faut une application quotidienne. Quand on l'est, il reste beaucoup à faire : à consoler les autres.

Le mari :

— Tu exagères. Qu'un mari trompe sa femme, ça n'a aucune importance.

— Quelquefois, répond-elle, la femme meurt de chagrin. Ça n'a aucune importance.

13 octobre. Une de ces dames dont il vaut mieux interroger la concierge que la conscience.

23 octobre. Je ne promets jamais rien, parce que j'ai la mauvaise habitude de tenir mes promesses.

29 octobre. L'horloge, c'est le Juif errant. Écoutez ce pas boiteux, et lent, et fatigué, qui ne s'arrête jamais.

Novembre. Il a une belle situation, où il peut faire attendre les gens.

8 novembre. Des logements si petits qu'on n'y peut que s'embrasser ou se battre.

16 novembre. C'est là un livre dont on dit : « Lisons-le tout de suite pour n'avoir pas à le lire plus tard. »

17 novembre. — Vous n'avez pas de défauts.

— Si, madame, mais je les garde pour l'intimité.

Quand on croit qu'il y aura beaucoup de monde à un enterrement, on y va, et ça finit par faire beaucoup de monde.

L'admiration se passe de l'amitié. Elle se suffit à elle-même.

26 novembre. Il est victime de ce vice littéraire qui consiste à se forcer à aimer ce qu'on se croit obligé d'admirer.

3 décembre. Mettre les points sur tous les *i* de l'infini.

8 décembre. C'est si facile à une femme de se faire aimer ! Nul besoin d'être bien jeune ni bien jolie. Il n'y a qu'à tendre la main d'une certaine façon et l'homme y met tout de suite son cœur.

25 décembre. Rides, des sourires gravés.

30 décembre. Une phrase qui vibre court, comme un fil de fer trop tendu.

Parler en italique.

1898

1er janvier. — Il faudra, me dit-il, que j'aille vous voir demain pour vous raconter mes embêtements.

— Ça fera deux personnes embêtées au lieu d'une.

Mes meilleurs mots, ceux auxquels moi-même je ne m'attendais pas.

2 janvier. Pour nous punir de notre paresse, il y a, outre nos insuccès, les succès des autres.

12 janvier. Croyez-le, monsieur. Quand je dis que j'ai de l'orgueil, ce n'est pas par coquetterie.

Je vous passe mon trait d'esprit à travers le corps.

15 janvier. Elle se couche à dix heures et demie, fait tout de suite son petit dodo, se lève à dix heures, fait sa toilette jusqu'à midi, fait des visites ou des promenades jusqu'au dîner, n'a pas d'enfants et n'aide pas son mari.

— Voulez-vous me dire à quoi vous servez ?

— Je sers à me rendre heureuse.

18 janvier. — Le temps perdu ne se rattrape jamais.

— Alors, continuons de ne rien faire.

26 janvier. Si je disais tous ceux que je n'aime pas, il me resterait trop peu d'amis.

Il y a de la place au soleil pour tout le monde, surtout quand tout le monde veut rester à l'ombre.

Le vers est toujours un peu la cage de la pensée.

29 janvier. — Tu travailles ?

— J'essaie de travailler : c'est bien plus difficile.

2 février. Quand on me dit que j'ai du talent, on n'a pas besoin de me le répéter : je comprends du premier coup.

Posséder une femme par le bout du doigt.

Je ne suis pas de ceux qui croient que rien n'est plus mystérieux comme une âme de jeune fille.

J'ai été élevé par une bibliothèque.

« La plus belle fille du monde... » Mais la plus laide donne plus.

4 février. Il y a toujours, dans la plus spirituelle des femmes, une petite dinde qui ne prend jamais le temps de dormir.

12 février. Quand je regarde une poitrine de femme, je vois double.

17 février. Si jamais une femme me fait mourir, ce sera de rire.

18 février. — J'ai perdu un petit-cousin ces jours-ci.

— Et moi une petite-cousine. Nous pouvons parler d'autre chose : nous sommes quittes.

21 février. Il ne faut pas connaître ses amis avant leur gloire.

22 février. Elle s'est éloignée, d'un petit derrière pincé.

23 février. L'opinion publique, cette masse poisseuse et poilue.

5 mars. Quand un acteur est mauvais, l'applaudissement le rend pire.

8 mars. Si mignonne que, si vous vouliez vous pendre, vous n'auriez pas le poids.

27 mars. Quand je donne un billet de cent francs, je donne le plus sale.

31 mars. Jamais les femmes ne m'ont paru aussi bêtes.

1er avril. Enfin seul, sans *s*.

Des arbres dont on a coupé tous les membres. Il n'en reste que le tronc mutilé. Chaque amputation a laissé une tache ronde de cicatrice sèche. Au pied, quelques branches encore ; avec les autres, on a fait des fagots. Et ce carnage n'impressionne pas : aucune plaie ne saigne. D'autres branches pousseront avec une nouvelle force. Méfions-nous ! Il y a des hommes, dont je suis, qui exagèrent la sensibilité des arbres.

Avril. Ne me demandez pas d'être bon : ne me demandez que d'agir comme si je l'étais.

Quel calme ! J'entends toutes mes pensées.

Le facteur s'est acheté un petit âne pour aller plus doucement.

29 avril. Ne dites pas à une femme qu'elle est jolie. Dites-lui seulement qu'elle ne ressemble pas aux autres, et toutes ses carrières vous seront ouvertes.

Quand une femme vous dit : « Un homme comme vous... », c'est une façon de dire : « Quand vous voudrez, monsieur. »

Si vous voulez plaire aux femmes, dites-leur ce que vous ne voudriez pas qu'on dît à la vôtre.

9 mai. L'inspiration, ce n'est peut-être que la joie d'écrire : elle ne la précède pas.

14 mai. J'ai des goûts d'acrobate solitaire. J'aime à me tourner le dos à moi-même.

Je trouve une femme jolie. Elle dit une bêtise ? Ce n'est pas long : la voilà laide.

20 mai. Le cœur d'une femme est un noyau de pêche. On la mord à pleine bouche, et, tout à coup, on se casse les dents.

21 mai. Bêtise humaine. « Humaine » est de trop : il n'y a que les hommes qui soient bêtes.

26 mai. Je suis d'humeur à traiter n'importe quelle femme de sale grue, excepté peut-être une belle grue.

28 mai. Les cils, ces pistils de la fleur des yeux.

29 mai. Comment voulez-vous que je dise l'exacte vérité quand je parle ? J'ai déjà tant de peine à l'écrire !

6 juillet. Regarder l'horizon, c'est regarder loin, mais c'est aussi regarder quelque chose de faux.

12 juillet. Comme le souvenir que laisse un mort est supérieur à sa vie ! Il n'y a pas de déchets.

20 juillet. Je sais nager juste assez pour me retenir de sauver les autres.

J'aime la solitude, même quand je suis seul.

23 juillet. L'homme est un animal qui a la faculté de penser quelquefois à la mort.

L'emportement de la satire est inutile : il suffit de montrer les choses telles qu'elles sont. Elles sont assez ridicules par elles-mêmes.

Notre égoïsme va si loin que nous croyons, en temps d'orage, qu'il ne tonne que pour nous.

Je suis passionné pour la vérité, et pour les mensonges qu'elle autorise.

La mort est douce : elle nous délivre de la pensée de la mort.

1er août. On se tait pour de grandes raisons : on n'agit que pour de petites.

Tant qu'un homme ne s'est pas expliqué le secret de l'univers, il n'a pas le droit d'être satisfait.

La rêverie est le clair de lune de la pensée.

Il faut regarder la vérité en poète.

La foi stupide ne peut que déplaire à Dieu.

8 août. Ces littérateurs sont comme les tonneaux des Danaïdes : ils laissent passer toute l'humanité.

Comme nous ne sommes pas sûrs de notre courage, nous ne voulons pas avoir l'air de douter du courage d'autrui.

15 août. Elle croit que, l'âge, c'est de l'argent, et elle économise sur son âge.

Je voudrais être lu par la minorité, et connu par la majorité.

Si tu veux être sûr de toujours faire ton devoir, fais ce qui t'est désagréable.

La lune, médaille au cou de la nuit.

Pourquoi serait-il plus difficile de mourir, c'est-à-dire de passer de la vie à la mort, que de naître, c'est-à-dire de passer de la mort à la vie ?

Il ne peut y avoir, d'un côté, la forme, de l'autre, le fond. Un mauvais style, c'est une pensée imparfaite.

Je recherche le pittoresque dans la vie des autres, et j'en ai peur dans la mienne.

Je rentre, l'angoisse au cœur parce que j'ai regardé le soleil couchant, entendu chanter les oiseaux, et que je n'aurai eu que quelques jours cette terre que j'aime tant, et qu'il y a tant de morts avant moi.

1er octobre. Le faucheur, jaloux parce que la presse ne s'occupe que du geste du semeur.

Moi et toi, cochon, nous ne serons estimés qu'après notre mort.

Chaque fleur attire sa mouche.

Seules, les fumées savent qu'il y a du vent.

C'est un mauvais travail que celui qu'on fait pour n'avoir plus à travailler.

« On ne fait pas ce qu'on veut », dit-on souvent. C'est « On ne fait pas ce qu'on peut », qu'on devrait dire.

Le sourd-muet grognait par gestes.

31 octobre. Cette femme mariée est si jolie que nous la mépriserions un peu si elle n'avait pas d'amants.

1er novembre. Il aimait à dire des choses désagréables. Comme il était sourd, il croyait peut-être qu'on n'entendait pas.

4 novembre. Je me jette à vos pieds, madame, s'il y a un bon coussin.

L'humoriste, c'est un homme de bonne mauvaise humeur.

14 novembre. On a autant de peine et de mérite à se passer d'argent qu'à en gagner.

19 novembre. — Dieu ne croit pas à notre Dieu.

24 novembre. Idées générales. Ainsi appelées parce que personne n'en use.

25 novembre. Écrivez vingt livres. Un critique vous jugera en vingt lignes, et vous ne serez pas le plus fort.

15 décembre. — Qu'est-ce que ça fait, dit une femme, que je le répète à tout le monde, puisque c'est sous le sceau du secret ?

25 décembre. Chauve, quand il pose sa main sur la pomme polie de sa tête, il se figure qu'il monte la première marche d'un escalier.

1899

7 janvier. Il n'y a pas de synonymes. Il n'y a que des mots nécessaires, et le bon écrivain les connaît.

9 février. Dès qu'on dit à une femme qu'elle est jolie, elle se croit de l'esprit.

11 février. Il faut que le mot lutte avec l'idée et ne lui donne pas de croc-en-jambe.

21 mars. — Je suis né un trente janvier.

— Vous ne paraissez pas votre âge.

Pour être original, il suffit d'imiter les auteurs qui ne sont plus à la mode.

14 avril. Pour un écrivain qui vient de travailler, lire, c'est monter en voiture après une marche à pied pénible.

J'abonde dans mon sens.

17 avril. L'idéal : un rêve précis.

19 avril. Ronfler, c'est dormir tout haut.

Regarder la nature, ça vaut tout de même mieux que de traduire Virgile.

22 avril. Les romantiques, des gens qui n'ont jamais vu l'envers de rien.

Je refuse de savoir ce que peut penser des hommes de talent un homme qui n'en a pas.

Sors, va ! Promène-toi ! Le beau temps perdu ne se retrouve jamais.

23 avril. — Qu'est-ce qu'un critique ? Un lecteur qui fait des embarras.

24 avril. La fausse modestie, c'est déjà très bien.

J'écris des pensées pour quand je serai mort. Elles ne me servent à rien pendant ma vie ; j'oublie même de les penser.

Ma tête est peuplée de mots, comme une forêt, d'oiseaux. Quand ils se mettent tous à chanter, c'est un vacarme !...

1er mai. L'avenir n'est peut-être qu'un perfectionnement.

Il y a les conteurs et les écrivains. On conte ce qu'on veut ; on n'écrit pas ce qu'on veut : on n'écrit que soi-même.

Vous ne direz jamais autant de mal de moi que j'en penserais de vous, si je pensais à vous.

Ils sont tellement orgueilleux qu'ils disent, quand il a plu, que leur rue sèche plus vite que les autres.

Quand on se regarde cinq minutes dans une glace, on ne se trouve plus ressemblant.

17 mai. Je me destine à la profession de pontife.

18 juillet. Chauve, quand il se découvre, on croit qu'il ôte sa chemise.

Penser ne suffit pas : il faut penser à quelque chose.

26 juillet. L'homme naît avec ses vices ; il acquiert ses vertus.

27 juillet. Il faut aller à la sagesse par le plus court, par des chemins de traverse.

On ne méprise bien que ce qu'on aime secrètement.

28 juillet. — Le style, c'est l'habitude, la seconde nature de la pensée.

1er août. Si l'on bâtissait la maison du bonheur, la plus grande pièce en serait la salle d'attente.

8 août. Oh ! la niaiserie des femmes distinguées de province ! Leur bavardage continu, appliqué et prétentieux ! Chaque phrase est un cliché, et c'est dit doucement, du bout des lèvres, de l'air résigné d'une femme qui sait le fond des choses.

Déprimantes et asphyxiantes, elles sont les femmes supérieures pour les petits curés de campagne, les maîtresses d'école, les commerçants de village.

6 septembre. Elle crie comme si l'on ne voulait pas attenter à sa vertu.

Je n'admets pas que l'on contrarie mes projets, surtout quand j'ai la certitude de ne jamais les mettre à exécution.

17 octobre. Est-ce donc si sûr qu'on soit né pour vivre ?
Les mots sont comme une voûte sur la pensée souterraine.

26 novembre. Femme : une âme dans un corset.
Comme la joie est vite fatigante ! Pour rien au monde je ne voudrais être trop heureux. La joie fait au cœur l'effet d'une glace qui brûle.

1er décembre. — Il ne faut pas dire toute la vérité, mais il ne faut dire que la vérité.

22 décembre. Misogyne, c'est-à-dire amoureux de la première venue.
Une jolie femme. Dès qu'elle pense bassement, elle a autour des yeux quelque chose de flétri.
Rien ne gâte une jolie femme comme la langue qu'elle affecte de montrer. C'est comme si, sans être prévenu, tout à coup on voyait son sexe.
Je voudrais être vieux et pouvoir regarder une jolie femme sans qu'elle s'imagine que je désire coucher avec elle.

26 décembre. L'ironie ne dessèche pas : elle ne brûle que les mauvaises herbes.

28 décembre. On ne se prépare du bonheur que pour jusqu'au soir ; et il faut recommencer le lendemain, et tous les jours.

30 décembre. C'est commode, un enterrement. On peut avoir l'air maussade avec les gens : ils prennent cela pour de la tristesse.

1900

2 janvier. L'humoriste a les yeux grands ouverts. Il ne comprend rien à la vie, et se passionne à la regarder. Le reste est en carton.

9 avril. Dès qu'une femme me fait un compliment, pour peu qu'elle soit jolie, tout de suite je me sens amoureux d'elle.

11 mai. Donnez-moi de la vie : je me charge de « la partie littéraire ».

6 juin. Songeur, oui. Penseur, je m'en fiche.

On pense à la mort tant qu'on espère y échapper.

Mon imagination, c'est ma mémoire.

18 juin. — Madame, je vous écoute avec les oreilles du cœur, les oreillettes.

Il y a des moments où la vie abuse ; l'art doit se garder de toute exagération.

Maintenant, il faut lire entre les lignes du téléphone.

Le métier d'un écrivain, c'est d'apprendre à écrire.

J'ai un travail qui presse, pour la postérité.

— Vous pleurez, madame ? Ah ! prenez garde à votre peinture !

C'est drôle, comme, dès qu'une femme de talent nous dit qu'elle a un mari, ça nous refroidit pour son talent !

20 juin. La paresse a cela de mortel que, dès qu'on en triomphe, on la sent déjà qui renaît.

26 juin. J'aime mieux être impoli que banal.

28 juin. Le castor qui a l'air d'accoucher d'une semelle de soulier.

Un cheval doit courir plus vite quand il se sent une jolie fille sur les reins.

3 juillet. Il y a des seins qui fondent dans la main de l'amant.

1901

1er janvier. Ce *Journal* me vide. Ce n'est pas une œuvre. Ainsi, faire l'amour quotidiennement, ce n'est pas de l'amour.

8 janvier. — La vie mène à tout, à la condition d'en sortir.

— C'est profond, ça !

— Et bête comme tout ce qui est profond. Et ceci même ne veut rien dire.

Nous avons de l'amour pour une ou deux femmes, de l'amitié pour deux ou trois amis, de la haine pour un seul ennemi, de la pitié pour quelques pauvres ; et le reste des hommes nous est indifférent.

28 janvier. — Je vous apporte mes vœux.

— Merci. Je tâcherai d'en faire quelque chose.

Ce que Dieu, qui voit tout, doit s'amuser !

31 janvier. L'homme libre est celui qui ne craint pas d'aller jusqu'au bout de sa raison.

7 février. La vérité vaut bien qu'on passe quelques années sans la trouver.

13 février. Si celui qui se noie joint les mains pour prier, n'est-il pas perdu ? Qu'il nage donc toujours !

15 février. La médecine n'a de certain que les espoirs trompeurs qu'elle nous donne.

18 février. On va voir un malade pour lui raconter toutes les maladies qu'on a eues ou qu'on a vues aux autres.

Je n'ai même jamais eu la chance de manquer un train auquel il soit arrivé un accident.

Je m'exerce à rire, chaque matin, une bonne heure, afin de mériter le beau nom d'auteur gai qu'on a bien voulu me donner.

Il n'est pas bon qu'un chef-d'œuvre soit connu pleinement, du premier coup. Il faut laisser aux générations à venir le temps de le faire. Sinon, elles révisent.

25 février. Femme. Après un gros chagrin, elle se poudrerait aux tempes pour faire croire que ses cheveux ont blanchi.

Moi aussi, je mets de l'argent de côté, mais pas du bon côté.

1er mars. Nous rusons afin qu'on nous dise la vérité, mais non sans nous découvrir afin qu'on nous mente.

Rien de plus facile à affecter que le mépris.

4 mars. Rien ne dégoûte de la vie comme de feuilleter un dictionnaire de médecine.

16 mars. Soyons artistes ! ne nous occupons ni de gagner de l'argent, ni d'être conseillers municipaux, ni d'être membres du comité d'une section de la Ligue des Droits de l'homme. Nos pères n'avaient qu'à gagner de l'argent. S'ils en gagnèrent assez, c'est bien : merci ! Dépensons-le. S'ils n'en ont pas assez gagné, ils ont eu tort : ce sont les coupables.

À des habiletés d'homme intelligent, à des combinaisons d'homme pratique, ne perds pas l'occasion d'écrire un beau vers ou une belle phrase.

19 mars. Je ne réponds pas d'avoir du goût, mais j'ai le dégoût très sûr.

21 mars. Connaître les femmes sans être amant, c'est comme si un pêcheur, ayant promené sa ligne sur la rivière, s'imaginait connaître les poissons.

— Regarde-le : c'est un mari fidèle.

— Oui, mais il n'y a pas d'homme plus triste sur la terre.

22 mars. Il faut dire aux femmes des compliments mêlés de choses dures : ça les amollit, les pétrit, les prépare à l'empreinte.

23 mars. L'amour tue l'intelligence. Le cerveau fait sablier avec le cœur. L'un ne se remplit que pour vider l'autre.

2 avril. Quelle que soit la littérature, c'est toujours plus beau que la vie.

3 avril. Si tu ne peux être un homme de génie, sois un sage. Ce n'est d'ailleurs pas plus commode.

10 avril. — Ça me fait une belle jambe !
— Madame, vous n'aviez pas besoin de ça.

20 avril. — Votre mari n'a rien. Il croit qu'il est malade, dit le médecin anglais.

Quelques jours après, pleine de confiance en ce grand médecin, elle vient lui dire :
— Mon mari croit qu'il est mort.

5 mai. On ne demande conseil que pour raconter ses ennuis.

8 mai. L'accent circonflexe est l'hirondelle de l'écriture.

13 mai. L'homme ivre rentre et regarde les objets de sa maison tourner autour de lui. Sa femme lui dit :
— Eh bien, tu ne te mets pas au lit ?
— J'attends qu'il passe, répond l'ivrogne.

30 mai. Héritage. La mort nous prend un parent, mais elle le paie, et il ne faut pas beaucoup d'argent pour qu'elle se fasse pardonner.

8 juin. Ils laissent leurs femmes aller à la messe, comptant sur elles pour s'excuser quand le prêtre viendra à leur lit de mort.

27 juin. Certaines prostrations donnent une agréable idée de la douceur de la mort.

12 septembre. Dans ma tasse, le café ne reflète que mes idées noires.

La langue a ses floraisons et ses hivers. Il y a des styles nus comme des squelettes d'arbres, puis arrive le style fleuri de l'école du feuillage, du touffu, du broussailleux. Puis, il faut les émonder.

Ne réveillez pas le chagrin qui dort.

16 septembre. Paresse ? Oui. Mais c'est un plaisir si fin que de vivre jalousement avec ses rêveries, sans les prêter à personne !

On ne peut revivre le passé que tout seul. À deux, l'accord manque.

26 septembre. Femme en grande toilette, c'est-à-dire toute nue.

Le vent qui sait tourner les pages et ne sait pas lire.

23 octobre. C'est la plus fidèle de toutes les femmes : elle n'a trompé aucun de ses amants.

6 novembre. Un homme intelligent arrive toujours à résoudre un théorème, pas toujours à réussir un poème.

7 novembre. La bonté a encore quelque chose d'inassimilable. Le fruit a du goût, mais le noyau en est amer.

10 novembre. J'aime, j'aime, certainement j'aime, et je crois aimer ma femme d'amour, mais, de tout ce que disent les grands amoureux : Don Juan, Rodrigue, Ruy Blas, il n'y a pas un mot que je pourrais dire à ma femme sans rire.

17 novembre. Les discussions les plus passionnées, il faudrait toujours les terminer par ces mots : « Et puis, nous allons bientôt mourir. »

25 novembre. — Mais comment a-t-il pu vous violer ? dit le juge.

— Je me suis baissée.

9 décembre. Oui, je porte ma décoration. Il faut avoir le courage de ses faiblesses.

Me priver le plus possible, être un égoïste maigre. Que mon égoïsme n'ait plus que les os et la peau !

La vieillesse arrive brusquement, comme la neige. Un matin, au réveil, on s'aperçoit que tout est blanc.

11 décembre. Il y a des gens qui retirent volontiers ce qu'ils ont dit, comme on retire une épée du ventre de son adversaire.

17 décembre. L'homme, ce condamné à mort.

Il ne faut pas détruire, mais il faut attaquer souvent, pour que les gens se tiennent bien.

1902

3 janvier. Que cette vie me paraîtrait belle si, au lieu de la vivre, je la regardais vivre !

8 janvier. Le mendiant. C'est encore lui le plus habile à faire baisser les yeux.

14 janvier. Femme plate, mais avec des hanches : une taille de violon.

18 janvier. Aux Champs-Élysées. Des vieilles femmes dans des voitures profondes comme des tombeaux.

Une femme, avec un peu de pain, fait faire l'exercice à des moineaux : elle est fière comme un capitaine.

Les moineaux les plus fiers restent sur les branches de l'arbre voisin. On dirait de gros bourgeons sur des branches dénudées.

Un vieux petit chien, dans un paletot de grosse laine, essaie de faire une crotte. Le domestique a un sourire de mépris qui empêche les passants de se moquer de lui.

20 janvier. Quand un homme dit : « Je suis heureux », il veut dire bonnement : « J'ai des ennuis qui ne m'atteignent pas. »

Maladies : les essayages de la mort.

24 janvier. La raison : l'ordre dans les pensées choisies.

Mon Dieu, ne me faites pas mourir trop vite ! Je ne serais pas fâché de voir comment je meurs.

Je me mets en quatre pour éviter de rendre service.

29 janvier. Un jeune homme qui va se marier demande le Code du mariage, puis, feuilletant le livre :

— Il y a bien le divorce, là-dedans, n'est-ce pas ?

2 février. Tâchons d'être pleins d'indulgence pour l'habileté des autres, et n'ayons pas l'air de nous vanter de notre maladresse.

L'amertume, c'est très littéraire, mais ce n'est que la bile de l'homme de talent.

La modestie peut être une espèce d'orgueil qui arrive par l'escalier dérobé.

Être indépendant comme un anarchiste et bon comme un saint.

Le projet est le brouillon de l'avenir. Parfois, il faut à l'avenir des centaines de brouillons.

5 février. J'ai en horreur le critique esclave de son esprit indépendant qui, après avoir fait l'éloge d'un premier livre, se croit obligé d'éreinter le second et réserve à ses amis ses meilleures rosseries.

Je serai, non pas méchant, mais partial. Je dirai mon goût à moi, qui est bien le plus faillible que je connaisse. Aucune théorie, pas de système. Le bon livre est celui qui me plaît. Arrangez-vous !

Cependant, je déclare que j'ai un point de vue moral : la propreté d'âme, et un point de vue littéraire : la propreté du style.

J'ai encore, mais j'y tiens moins, un point de vue social. Je parlerai avec plaisir des livres à la portée du peuple. Il aime la lecture beaucoup plus qu'on ne croit.

11 février. Je sais que la littérature ne nourrit pas son homme. Par bonheur, je n'ai pas très faim.

J'ai horreur de la rime, surtout en prose.

La justice est gratuite. Heureusement, elle n'est pas obligatoire.

J'envie la gloire de n'être pas connu.

12 février. Cercueil : baignoire mortelle d'où l'on ne sort plus.

16 février. Il n'est pas possible de dire la vérité, mais on peut faire des mensonges transparents : c'est à vous de voir au travers.

18 février. Une horloge droite et plate comme une vieille Anglaise.

19 février. L'homme se plaindrait de n'avoir pas à se plaindre.

23 février. Au théâtre. Fauteuils vides : toutes ces dents arrachées.

Tant que les penseurs ne m'auront pas appris ce que c'est que la vie et la mort, je me fous de leurs pensées.

25 février. J'ai habité toutes les planètes : dans aucune la vie n'est drôle.

Avare, mais très poli. Quand un mendiant ôte sa casquette pour la lui tendre, il le salue profondément.

28 février. Pleure ! Mais il ne faut pas qu'une seule de tes larmes coule jusqu'au bout de ta plume et se mêle à ton encre.

Le rideau du souvenir ne se tire que quand il veut.

22 mars. Femmes de lettres, leur laideur, leurs ridicules petits chapeaux verts. Les plus jeunes ont des allures masculines : on dirait qu'elles font de la littérature pour faire les hommes.

15 avril. L'oiseau en cage ne sait pas qu'il ne sait pas voler.

Presque toutes les nuits, maintenant elle compte ses morts. Elle se trompe toujours. Elle en oublie : il y en a qui sont plus morts que les autres.

17 avril. Au Jardin d'Acclimatation. Des jeunes filles font effort pour ne regarder, des singes, que leurs grimaces, mais il faut bien voir le derrière rouge et la petite carotte flétrie. Il y en a un qui soupèse délicatement celle de son frère. On ne dit rien, on se rattrape en disant : « Oh ! le sale ! » quand il cherche les poux de l'autre et les lui mange avec une touffe de poil. Cet œil profond et brusquement trouble. Ils ont des éclairs d'humanité, insignifiants. Leur œil épluche : leur pensée « épluche » à peine.

18 avril. La critique d'un sot te fait mal. Tu t'attristes,
Et tu confonds la gloire avec les journalistes.

21 avril. Veuve inconsolable, pour témoigner que son deuil persiste elle ne veut se remarier qu'avec quelqu'un qui n'ait pas l'air trop vivant.

26 avril. Je passe ma vie à me poser de vagues points d'interrogation, et je ne tiens pas aux réponses.

27 avril. Hypocrites, ils comptent sur la gentillesse de leurs amis et ne ménagent que la méchanceté de leurs ennemis.

5 mai. Les bêtises qu'entend dire un tableau de musée, mais les horreurs qu'entend peut-être un cadavre.

24 mai. La mort, ce serait le rêve si, de temps en temps, on pouvait ouvrir un œil.

Ils n'invitent jamais à dîner : quand il y en a pour un, il n'y en a que pour un.

La vie est courte, mais on s'ennuie quand même.

26 mai. Le meilleur atout de la bêtise méchante des uns, c'est encore l'intelligence généreuse des autres.

30 mai. D'être malade habitue à mourir. Donnez-moi une bonne migraine, et je me tue.

Une femme ayant un domestique nègre accouche d'un petit vraiment trop noir.

— S'il ne change pas de couleur celui-là, dit le monsieur, j'en connais un que je flanque à la porte !

1er juin. Des gens vivent plus tranquilles parce qu'ils viennent d'acheter leur place au cimetière. Il semble qu'ils sachent désormais à quoi s'en tenir sur le lendemain de la mort.

9 juin. Je n'aime lire que les livres qui m'appartiennent : le livre de la vie, par exemple.

10 juin. Une belle femme timide. Elle s'en tire en se tenant comme une tour sans porte ni fenêtres apparentes.

On a beau faire peu de livres : les gens persistent à ne pas les connaître tous.

16 juin. Laïc, c'est l'homme qui cherche Dieu sans cesse et ne le trouve jamais.

La fidélité pendant la vie, ce n'est rien ; mais mourir, paraître devant Dieu sans avoir trompé sa femme, quelle humiliation !

23 juin. Quand on pense au chagrin de ceux qu'on laisserait, on se trouve tout de même un peu moins inutile sur la terre.

24 juin. Quand je pense à tous les livres qu'il me reste à lire, j'ai la certitude d'être encore heureux.

10 juillet. Chaque fois qu'on se fait photographier, on croit qu'il va naître un dieu.

21 juillet. Je connais bien ma paresse. Je pourrais écrire un traité sur elle, si ce n'était un si long travail.

La rêverie n'est qu'une pensée qui ne pense à rien.

2 août. « Cocu ». Chose étrange que ce petit mot n'ait pas de féminin.

11 août. On peut changer, et rester absurde.

12 août. Écrire, c'est presque toujours mentir.

27 septembre. Les mots ne doivent être que le vêtement, sur mesure rigoureuse, de la pensée.

17 octobre. C'est une question de propreté : il faut changer d'avis comme de chemise.

1903

6 janvier. Une vieille, toute chiffonnée par le temps.

15 janvier. Je ne peux pas voir une jolie femme sans en être éperdument amoureux. C'est le coup de foudre, et ça dure le temps d'un coup de foudre : un éclair.

17 janvier. Réalisme, idéalisme, autant de brumes à travers lesquelles l'homme aveugle cherche la vérité.

25 janvier. Une femme rit tellement que sa poudre tombe. Son teint naturel reparaît, et la voilà jolie.

Ses succès font dire qu'il a du talent, ses fours, qu'il est délicieux.

26 janvier. Les jeunes filles n'ont pas le droit de tout lire, mais elles peuvent passer leur après-midi, au Jardin d'Acclimatation, à regarder les singes.

31 janvier. D'un voleur :

— Nous étions amis. Il me connaissait comme ma poche.

1er février. Il n'y a malheureusement pas de remède de bonne femme contre les mauvaises.

Il y a des gens si ennuyeux qu'ils vous font perdre une journée en cinq minutes.

2 mars. Cette femme montre ses seins et croit qu'elle offre son cœur.

Le mari, la femme, le curé, c'est le vrai ménage à trois.

Quand on se réjouit d'être jeune, et qu'on remarque qu'on se porte bien, c'est la vieillesse.

6 mars. L'ironie est un élément du bonheur.

21 mars. Très jaloux, il n'invite pas chez lui de célibataires. Si, par malheur, il en arrive un, il déplace les couverts pour rester à côté de sa femme.

30 mars. Le succès des autres me gêne, mais beaucoup moins que s'il était mérité.

Il n'y a que les erreurs qui donnent du prix à la vérité.

1er avril. Un homme qui veut, par ses silences, qu'on en pense long pour lui.

C'est si facile à faire, un dialogue !

MADAME.

— Non !

MONSIEUR.

— Si !

Et voilà quatre lignes.

Oies. Grosses cuisinières qui arrivent avec leurs petits cabas sous le ventre.

12 juillet. Il faudrait se mettre à plusieurs pour être un sage.

Le scrupule, une maladie comme la paresse.

18 juillet. Nous nous connaissons mieux qu'il n'y paraît, et nous nous gardons de reprocher à autrui les défauts que nous sommes sûrs d'avoir.

22 juillet. Quand un homme ne parle que de ce qu'il sait, il a toujours l'air plus savant que nous.

25 juillet. Les gens heureux n'ont pas le droit d'être optimistes : c'est une insulte au malheur.

30 juillet. L'homme heureux et optimiste est un imbécile.

Je suis en pleine maturité, et je ne bouge plus, de peur que la peur ne me gagne.

1er août. En sortant leur vérité du puits, les indiscrets répandent l'eau partout.

Ils regardent trop le cimetière, pas assez la mort.

Le plaisir d'être agréable aux gens que ça embête.

8 août. — J'ai des rhumatismes.

— Moi aussi, j'en aurais, si je voulais.

19 août. Les heures où l'on a le cerveau bas de plafond.

C'est difficile d'être bon quand on est clairvoyant.

10 septembre. Il y a des enterrements de première classe comme si on allait au Paradis par le chemin de fer.

14 septembre. La religion est l'excuse de leur pensée paresseuse. Vous leur donnez, de l'univers, une explication toute faite, bien médiocre. Ils se gardent d'en chercher une autre, d'abord parce qu'ils sont incapables de chercher, ensuite parce que ça leur est bien égal.

Il n'y a rien de plus bassement pratique que la religion.

Vous dites que je suis athée, parce que nous ne cherchons pas Dieu de la même façon ; ou, plutôt, vous croyez l'avoir trouvé. Je vous félicite. Je le cherche encore. Je le chercherai dix ans, vingt ans, s'il me prête vie. Je crains de ne pouvoir le trouver : je le chercherai quand même, s'il existe. Il me saura peut-être gré de mon effort. Et peut-être qu'il aura pitié de votre confiance béate, de votre foi paresseuse et un peu niaise.

22 septembre. Quand elle accouche, elle ne veut pas que son mari soit là. Elle se sent déjà assez humiliée !

Encore une qui voudrait faire ses enfants par la bouche !

7 octobre. Vous êtes ici comme chez vous, mais n'oubliez pas que j'y suis chez moi.

9 octobre. Le mystère du monde nous effare. Mais quel effarement pour la grive qui, sur sa branche, reçoit tout à coup du plomb dans la poitrine !

10 octobre. Je me suis arrangé avec le facteur : il me garantit une lettre par jour.

Lui :

— Il me faudrait, pour faire un chef-d'œuvre, une belle aventure intime.

Elle :

— Eh bien, mon vieux, fais ton chef-d'œuvre : tu es cocu !

La mort est mal faite. Il faudrait que nos morts, à notre appel, reviennent, de temps en temps, causer un quart d'heure avec nous. Il y a tant de choses que nous ne leur avons pas dites quand ils étaient là !

17 octobre. Et quels seins ! Je veillerais des nuits entières à la lumière de ces globes-là.

1904

15 janvier. La joie, ce n'est jamais bien agréable. On ne sent plus. C'est comme si tout le cœur n'était qu'une crème fouettée.

26 janvier. — Qu'est-ce qu'on pourrait bien faire pour tes quarante ans ?

— Me rajeunir.

30 janvier. Si nous pensions à toutes les veines que nous avons eues sans les mériter, nous n'oserions pas nous plaindre.

L'enterrement même a du bon ; il réconcilie les familles.

1er février. Une femme qui, comme le laurier, préserve des coups de foudre.

3 février. « Bravo ! » Nous ne savons même pas le dire en français.

— Je vous fais peur ?

— Non ! Et je voudrais bien vous rencontrer, toute seule, au coin d'un bois.

2 mars. Quel admirable animal que le cochon ! Il ne lui manque que de savoir faire lui-même son boudin.

31 mars. Ils sont plus bêtes que méchants, mais si bêtes que la part de méchanceté reste belle.

2 avril. Élections. C'est un vilain moment. On n'ose plus faire un pas, dire bonjour, serrer une main. On a l'air d'implorer un bulletin de vote. Chaque sourire semble une prière.

L'électeur se croit le maître ; il y a confusion. Mais non, brave homme ! Il faut voter pour vous rendre service à vous-même, et non à moi. C'est vous qui êtes mon obligé.

Cela peut occuper les hommes politiques, mais répugne un peu aux hommes qui ont quelque idéal.

Ils ont encore plus d'orgueil que les hommes de génie.

16 avril. La vie n'est peut-être qu'une maladie, le phylloxera de notre planète.

18 avril. « Mon homme », « mon mari », devient « mon époux » sur les tombes.

L'Académie, le commun des immortels.

Plus ils voient de monde à l'enterrement, et plus ils pleurent le mort.

19 avril. Ça m'est égal, de manquer ma vie. Je ne vise pas. Je tire en l'air, du côté des nuages.

23 mai. Pour l'œil clairvoyant, la modestie n'est guère qu'une forme, plus visible, de la vanité.

6 août. Scrupule. Poids léger qui suffit à faire pencher une balance.

10 août. Jusqu'à trente ans, artiste, jusqu'à cinquante, homme d'action, jusqu'à la mort, le sage.

14 août. La liberté de conscience, c'est de ne pas payer un curé quand on ne va pas à la messe.

30 août. Dans ma vie, j'ai perdu plus de mille ans.

6 septembre. J'écoute aux portes, et même à la serrure, le bruit que fait la vie.

Les mâchoires lentes du paysan. Quand il mange, on croit qu'il pense.

19 septembre. Nous sommes peut-être déjà morts trois ou quatre fois.

Guerre. Il n'y aurait qu'à dire à l'ennemi : « Ne venez pas ! nous avons la fièvre typhoïde. »

Vérité. Quelques romanciers la font bien sortir du puits, mais tout de suite ils l'enveloppent dans un tas de couvertures.

24 septembre. L'envie n'est pas un noble sentiment, mais l'hypocrisie non plus, et je cherche ce qu'on gagne à remplacer l'une par l'autre.

L'envie avouée, c'est du courage, presque une excuse.

4 octobre. Tout homme vaut mieux que ses façons de s'exprimer.

5 octobre. Un jour, je crois au progrès humain, je l'appelle de toutes mes forces ; les six autres jours, je me repose.

11 octobre. Dans les champs de pommes de terre, les paysans ont tous l'air de creuser leur fosse.

C'est encore dans ses ennemis qu'on trouve le plus de bassesse.

19 octobre. Ah ! les belles choses qu'on écrirait si on n'avait pas de goût ! Mais, voilà, le goût, c'est toute la littérature française.

20 octobre. Chacun a sa tare cachée et qui le ronge. Moi, c'est la paresse, mais elle m'est agréable à gratter.

24 octobre. Le féminisme, c'est de ne pas compter sur le Prince Charmant.

13 novembre. La misère a une bonne petite sœur invisible, qui est toujours auprès d'elle et qui la console en secret : l'insouciance.

— Vous êtes modeste !

— Oui, mais qu'il m'en coûte !

4 décembre. Cette femme avait tant aimé que, lorsqu'on s'approchait trop d'elle, on écoutait, au fond de son oreille, ce délicat coquillage, bruire une rumeur d'amour.

12 décembre. La réalité a tué en moi l'imagination, qui était une belle dame riche. L'autre est si pauvre que je vais être obligé de chercher mon pain.

16 décembre. Je sais enfin ce qui distingue l'homme de la bête : ce sont les ennuis d'argent.

Il est difficile d'imaginer à quel point cet homme, qui se promène l'air absorbé, peut ne penser à rien.

La femme est un roseau dépensant.

Quand je ne pense pas à moi, c'est que je ne pense à personne.

22 décembre. Rien n'est éternel, pas même la reconnaissance.

1905

9 janvier. J'aime beaucoup regarder les visages des jeunes femmes. Ça m'amuse de deviner ce qu'elles seront, devenues vieilles.

13 janvier. Femmes auxquelles on apporte des hommages respectueux, et on est obligé de les remporter.

Avez-vous remarqué que, lorsqu'on dit à une femme qu'elle est jolie, elle croit toujours que c'est vrai ?

— Qu'est-ce que vous reprochez aux femmes ?

— Je les trouve bêtes.

— Quelques-unes.

— Toutes ! Toutes celles avec qui j'ai causé.

— Vous n'avez jamais eu avec une femme de conversation intéressante ?

— Oh ! si.

— Spirituelle ?

— Oh ! oui.

— Alors ?

— Alors, ça ne prouve rien en faveur des dames, car, dans ces sortes de conversations, c'est moi qui faisais tous les frais.

8 février. On voit des pauvres petites femmes bien laides qui sont tout de même enceintes.

27 février. On se reconnaît si peu de droits au bonheur qu'on a un peu hâte que ça finisse.

La facilité avec laquelle les enfants se débarrassent des souvenirs qu'on leur a donnés.

6 mars. Les femmes cherchent un féminin à « auteur » : il y a « bas-bleu ». C'est joli, et ça dit tout. À moins qu'elles n'aiment mieux « plagiaire » ou « écrivaine » : la rime n'aurait rien d'excessif.

Je ne suis plus capable de mourir jeune.

15 mars. Oui, c'est intéressant, ce que fait la mort, mais elle se répète trop.

25 mars. Toujours peur de la vie, et, quand elle a passé, je ne peux plus en détacher mes yeux.

26 mars. Nous voulons de la vie au théâtre, et du théâtre dans la vie.

5 avril. L'envie n'est qu'une peur de voir de la beauté qu'on ne pourrait pas réaliser soi-même.

Avril. Ne baise jamais la main d'une femme, de peur d'avaler la bague.

Femme. Elle pense comme une pensée de jardin : elle fleurit.

23 mai. L'haleine du livre qu'on ouvre. Oh ! que celui-là pue de la gueule !

30 mai. Il n'est pas nécessaire de mépriser le riche : il suffit de ne pas l'envier.

Je ne me lie avec personne à cause de la certitude que j'ai que je devrai me brouiller avec tout le monde.

17 juin. Postillons : intempéries du langage.

20 juillet. La joie de l'œuvre finie gâte l'œuvre qu'on commence : on croit encore que c'est facile.

27 juillet. L'absence des êtres aimés nous habitue à leur mort ; elle fait bien voir comme on se consolerait vite !

31 juillet. Ceux qui ne se distinguent pas par le courage veulent, dans leur récit, se distinguer par la peur : jamais ils n'ont eu et jamais personne n'a eu peur comme ça !

9 août. Prends garde ! Le bonheur qui déborde éclabousse le voisin.

La liberté a les limites que lui impose la justice.

18 août. Le singe : un homme qui n'a pas réussi.

Patrie. Personne ne change de pays pour la beauté d'un paysage.

On ne me demande de mes nouvelles que pour avoir le droit de me raconter tous ses malheurs.

21 août. Par les temps secs la vache mendie sur le bord de la route, mais elle rapporte fidèlement à l'écurie son pis plein de lait.

3 septembre. Cochon : toute cette saleté sur fond rose.

Le peuple, ce roi fainéant.

L'âne avec sa voix d'automobile.

Famille. La recevoir du bout des lèvres, du bout des doigts et, enfin, du bout du pied.

20 septembre. Trop vite, l'auto. Tant de jolis paysages où l'on ne s'arrête pas ! On laisse des regrets partout.

1er octobre. Le paysan est peut-être la seule espèce d'homme qui n'aime pas la campagne et ne la regarde jamais.

10 octobre. La vieillesse n'existe pas. Du moins ne souffrons-nous pas d'une vieillesse continue à la fin de notre vie : comme les arbres, tous les ans nous avons nos accès de vieillesse. Nous perdons nos feuilles, notre bonne humeur, notre goût de la vie, puis ça revient.

Nous n'avons pas une enfance, une maturité, une vieillesse : plusieurs fois dans la vie nous avons nos saisons, mais leur cours nous reste mal connu : il n'est pas régulier.

11 octobre. La philosophie, c'est du tir au juger : on ne voit jamais où passe Dieu, ni si on l'attrape.

23 octobre. Le théâtre n'est qu'un jeu qui se donne des airs de vie.

Je ne tiens pas plus à l'immortalité du nom qu'à celle de l'âme.

25 octobre. Il n'y a que le temps qui ne perde pas son temps.

3 novembre. Cimetière. C'est par les sapins que se plaignent les morts.

La vie n'est pas si longue ! On n'a pas le temps d'oublier un mort.

5 novembre. La vie est mal faite. Les pauvres, ignorants, devraient être riches, et, l'homme intelligent, pauvre.

21 novembre. Heures où l'attention est comme un âne qu'on a beau tirer par le licou : il ne veut pas venir.

Il faut que l'œuvre naisse et croisse comme l'arbre. Il n'y a pas, dans l'air, de règles, de lignes invisibles où viendront s'appliquer exactement les branches : l'arbre sort tout entier du germe qui le contenait, et il se développe à l'air libre, librement. C'est le jardinier qui trace des plans, des chemins à suivre, et qui l'abîme.

La vie est la mine d'où j'extrais la littérature qui me reste pour compte.

La girouette immobile comme si, tout à coup, elle pouvait se mettre à penser.

8 décembre. Omnibus. L'indélicatesse des femmes qui trichent pour passer de force avant leur tour donne une idée de ce qu'elles feront à la porte du Paradis.

12 décembre. Paris devient fantastique. Ces omnibus sans chevaux... On a l'air de vivre au pays des Ombres. Et cette idée me revient : « Au fait, est-ce que nous ne sommes pas tous morts, sans nous en apercevoir ? » Dans ces bruits, ces reflets, cette brume, on marche avec angoisse, avec la peur moins de se faire écraser que de ne déjà plus vivre. Impression d'une immense cave, et la tête en bouillie par tout ce fracas.

Combien faut-il de notaires, de marchands, d'ingénieurs, de voyageurs et de commis voyageurs pour faire un public et juger un artiste ?

22 décembre. Il a perdu une jambe en 70 : il a gardé l'autre pour la prochaine guerre.

26 décembre. Si l'argent ne fait pas le bonheur, rendez-le !

1906

24 janvier. Postérité ! Pourquoi les gens seraient-ils moins bêtes demain qu'aujourd'hui ?

26 janvier. Le mot le plus vrai, le plus exact, le mieux rempli de sens, c'est le mot « rien ».

Je croirai à tout ce qu'on voudra, mais la justice de ce monde ne me donne pas une rassurante idée de la justice dans l'autre. Dieu, je le crains, fera encore des bêtises : il accueillera les méchants au Paradis et foutra les bons dans l'Enfer.

Un chat qui dort vingt heures sur vingt-quatre, c'est peut-être ce que Dieu a fait de plus réussi.

Oui, Dieu existe, mais il n'y entend rien, pas plus que nous.

J'ignore s'il existe, mais il vaudrait mieux, pour son honneur, qu'il n'existât point.

1er février. Dans l'ombre d'un homme glorieux, il y a toujours une femme qui souffre.

10 février. Les eaux vertes de la mémoire, où tout tombe. Et il faut remuer. Des choses remontent à la surface.

La femme ne devrait vivre qu'une saison sur quatre, comme les fleurs. Elle reparaîtrait tous les ans.

La feuille, cette parente pauvre de la fleur.

14 février. La sagesse du paysan, c'est de l'ignorance qui n'ose pas s'exprimer.

15 février. Nous avons mis dix, quinze ans, à nous former une espèce de goût, et nous nous étonnons que le public n'en ait pas, lui qui n'y pense jamais.

Le public, c'est le suffrage universel en art. N'était-ce pas assez de l'agréer pour maître en politique ?

26 février. Mon passé, c'est les trois quarts de mon présent. Je rêve plus que je ne vis, et je rêve en arrière.

27 février. Les bigotes communiquent avec la Vierge par fil spécial.

4 mars. Une femme peut être sublime en refusant de donner la vérole à celui qu'elle aime.

5 mars. La vie est courte, mais l'ennui l'allonge. Aucune vie n'est assez courte pour que l'ennui n'y trouve pas sa place.

10 mars. Je ne sais si on se corrige de ses défauts, mais on se dégoûte de ses qualités, surtout quand on les retrouve chez les autres.

22 mars. Dieu nous dira souvent : « Vous n'êtes pas au ciel pour vous amuser. »

16 avril. J'aime les belles idées. Je souffre, à les voir servir d'étiquettes à des hommes qui ne sont pas beaux.

30 mai. Dieu nous jette aux yeux de la poudre d'étoiles. Qu'y a-t-il derrière elles ? Rien.

31 mai. On finit toujours par mépriser ceux qui sont trop facilement de notre avis.

18 juin. La vie a toujours été le tuteur de ma littérature : dès que je m'éloigne, je tombe.

23 juin. J'ai beau avoir mon âge et être maire : quand je vois un gendarme, je ne suis pas tranquille.

25 juin. Assises, immobiles et lasses de parler, les vieilles sèchent là comme un tas de fagots.

27 juin. On ne parle plus de moi qu'à propos des autres.

Bœuf, assez fort pour se passer d'être viril.

6 août. Il a l'air d'une mouche qui, à chaque chiquenaude, retombe dans son bol de lait.

10 août. La rêverie : le lierre de la pensée, qu'il étouffe.

16 août. Comme c'est joli et naturel, une fleur de gaieté dans un parterre d'ennuis !

24 août. À quoi bon voyager ! Il y a de la nature, de la vie et de l'histoire partout.

28 août. Moi aussi, j'ai mes brusques changements de temps et mes longues périodes de sécheresse.

29 août. L'escargot : vigneron avec sa hotte sur le dos, la tête traversée d'aiguilles à tricoter.

6 septembre. L'horreur que j'ai du mensonge m'a tué l'imagination.

Le métier des lettres est tout de même le seul où l'on puisse, sans ridicule, ne pas gagner d'argent.

12 septembre. On peut tout faire, avec de la volonté ; mais, d'abord, comment avoir de la volonté ?

Les coïts de sympathie, mais, après, c'est l'indifférence, l'oubli.

25 septembre. Tout bouge au vent, sauf le bœuf qui mange, le nez solidement attaché à la terre.

La nuit s'installe dans les bois ; elle y passera même la journée.

26 septembre. Lutte silencieuse et lente du soleil et de l'ombre.

6 octobre. J'aime passionnément la langue française, je crois tout ce que la grammaire me dit, et je savoure les exceptions, les irrégularités de notre langue.

8 octobre. L'auto vit des bêtes de la route, des poules surtout. Tous les cinquante kilomètres, il lui faut au moins une poule.

Cette jeune personne a déjà du talent. Elle en aura davantage si elle devient jolie.

10 octobre. Envieux par instants, je n'ai jamais eu la patience d'être ambitieux.

Gros homme qui porte son ventre comme un instrument à vent.

14 octobre. La beauté du neuf, tout de même, c'est d'être propre.

17 octobre. La déveine est bien ennuyeuse, mais la veine a quelque chose d'humiliant.

19 octobre. Le bonheur, c'est d'être heureux ; ce n'est pas de faire croire aux autres qu'on l'est.

Oh ! les vieilleries ! Vieilles lettres, vieux vêtements, vieux objets dont on ne veut pas se débarrasser. Comme la Nature a bien compris que, tous les ans, elle doit changer de feuilles, de fleurs, de fruits et de légumes, et faire du fumier avec les souvenirs de son année !

21 novembre. Je ne suis pas sincère, et je ne le suis pas même au moment où je dis que je ne le suis pas.

22 novembre. Tous les hommes ont à peu près vu les mêmes choses, mais l'artiste seul sait les faire revenir à sa mémoire.

Parler en public. Il n'est pas nécessaire de penser ce qu'on dit, mais il faut penser à ce qu'on dit : c'est plus difficile.

2 décembre. Pourquoi tant jouir ? Ne pas jouir est aussi amusant, et ça fatigue moins.

10 décembre. Il faut être discret quand on parle de son bonheur, et l'avouer comme si l'on se confessait d'un vol.

Un directeur de revue vous tiendra une heure pour vous expliquer pourquoi il n'a pas le temps de lire votre manuscrit : il avait au moins cette heure-là.

11 décembre. Une jolie femme peut avoir l'oreille moins délicate que la bouche. Elle peut entendre des grossièretés : il ne faut pas qu'elle en dise.

20 décembre. Chaque fois que je veux me mettre au travail, je suis dérangé par la littérature.

23 décembre. Pourquoi se déplacer ? D'une certaine hauteur de rêve, on voit tout.

31 décembre. Neige. Le village dort sous une nuit blanche.

1907

14 janvier. Nid à louer. Eau et soleil à toutes les branches.

22 janvier. Métro : on entre dans la gueule populaire.

6 février. Travailler à n'importe quoi, c'est-à-dire faire de la critique.

9 février. Femme. Elle a l'air en feu comme ça, mais c'est une mauvaise cheminée. On entend qu'elle ronfle, et, dès qu'on lève le tablier, la flamme baisse et le bois fume.

10 février. La critique est aisée, et le critique dans l'aisance.

4 mars. Combien d'acteurs paraissent naturels parce qu'ils n'ont aucun talent !

6 mars. Colique : le serpent chez soi.

18 mars. Théâtre. L'auteur au critique :
— Vous feriez bien mieux d'écrire de bonnes pièces.
— Vous aussi, répond le critique.
La critique est aisée et l'art est difficile, et les deux ne sont pas commodes.
Les ouvreuses nous donnent l'impression qu'il nous faut tous les soirs racheter notre pardessus.

28 mars. Dieu. Encore un qui se croit immortel !

1er avril. Quand il dit : « Cuic ! » le moineau croit tout dire.

18 juin. Un homme de lettres est un homme qui n'a jamais aucune raison de se plaindre, mais il faut qu'il sache se passer de presque tout.

25 juin. Nous sommes ici-bas pour rire.
Nous ne le pourrons plus au purgatoire ou en enfer.
Et, au paradis, ce ne serait pas convenable.

30 juillet. Femme. Diamants aux oreilles et aux yeux.

7 septembre. Les travailleuses, il y en a. Les femmes ne font pas toutes rien.

8 septembre. Mon cerveau devient comme une toile d'araignée : la vie n'y peut plus passer sans se faire prendre.

9 septembre. — Nous avons chacun nos admirateurs.
— Et ce sont quelquefois les mêmes.
— Hélas !
On va volontiers au secours, on ne tient pas beaucoup à sauver.

10 septembre. Critique dramatique. Plus de méchanceté : la justice dans l'indifférence.
Indifférent comme un bœuf qui n'a pas pu se vendre à la foire.

16 septembre. Ce serait beau, l'honnêteté d'un avocat qui demanderait la condamnation de son client.
Poète. Comme la cigale : une seule note indéfiniment répétée.

29 septembre. L'écrivain qu'il faut relire le plus souvent pour se corriger de ses défauts, c'est soi-même.

4 octobre. Critique. Sans les vains adjectifs qu'il faut chercher pour les artistes, ce ne serait pas embêtant.
Théâtre. Quand je pense que Dieu, qui voit tout, est obligé de voir ça !

14 novembre. Il faut du temps pour lire un livre ; il en faut moins pour le juger.

1908

2 janvier. Nous sommes trop pressés. Que dirions-nous du semeur qui voudrait voir tout de suite lever son blé ?

3 janvier. — Vous n'aimez pas les femmes ?
— Je les aime toutes. Je fais des folies pour elles. Je me ruine en rêves.

9 janvier. Il faut vivre pour écrire, et non pas écrire pour vivre.

11 janvier. Le danger du succès, c'est qu'il nous fait oublier l'effroyable injustice du monde.

30 janvier. Il vaudrait mieux se taire toujours. On ne dit rien quand on parle. Ou les mots dépassent la pensée, ou ils la diminuent. Que d'aplomb chez les uns ! Que de restrictions de scrupules chez les autres !

4 février. Collectivisme ! Le talent ne peut être qu'individuel.

9 février. La croyance au travail est peut-être encore une religion inutile. On n'est heureux que par hasard.

12 février. Nous avons tous quelqu'un que notre mort « arrangerait ».
Pendant la guerre, un homme se résigne à manger son chien, regarde les os qu'il laisse, et dit :
— Pauvre Médor ! Comme il se serait régalé !

27 mars. Le peuple, c'est l'enfant bien sage qui fait la grimace dès qu'on a le dos tourné.

15 avril. Je ne connais qu'une vérité : le travail seul fait le bonheur. Je ne suis sûr que de celle-là, et je l'oublie tout le temps.

25 mai. Quand un homme a prouvé qu'il a du talent, il lui reste à prouver qu'il sait s'en servir.

17 juin. Les hommes ont toujours peur de Dieu, qui ne sait pas les apprivoiser.

La gloire, c'est la fumée sans feu dont on parle tant.

21 juin. La phrase ne peut être que le filtre de la pensée.

5 juillet. Le véritable égoïste accepte même que les autres soient heureux, s'ils le sont à cause de lui.

22 septembre. Un critique, c'est un peu un soldat qui tire sur son régiment, ou qui passe du côté de l'ennemi, le public.

25 septembre. Un préjugé, c'est une vérité qu'on affirme trop. Il y a des vérités partout, mais il ne faut pas trop y croire, ni surtout y tenir.

Nous avons fait notre éducation, formé notre goût, avec des livres dont la première page était déchirée. On n'en saurait dire ni le titre, ni l'auteur. C'est le vieux roman dépenaillé, qu'on a lu quarante fois en cachette, qui a eu le plus d'influence sur nous.

26 septembre. Il ne faut point passer plus de temps à parler d'une pièce que l'auteur n'en a mis à l'écrire.

Je ne suis aimable avec les gens que si je suis bien sûr de leur être supérieur.

Tel qui veut se griser d'air pur, s'enivrer sur les hauteurs, n'arrive qu'à s'enrhumer.

29 septembre. Nous nous croyons encore jeunes parce qu'on a déjà du respect pour nous.

1er au 10 octobre. Je connais aussi l'art de me faire dire des choses désagréables en les disant d'abord moi-même : on dit comme moi.

13 octobre. L'homme se dépeint par quelques mots qu'il laisse échapper. Dès qu'il fait une phrase entière, il ment.

15 octobre. C'est surtout en amitié que l'hypocrisie peut durer longtemps. En amour, il ne suffit pas de parler : il faut agir. L'amitié peut se passer longtemps de preuves.

Il y a, à Nevers, une rue qui s'appelle rue du Renard. C'est un commencement. Après ma mort, on s'y trompera peut-être.

23 octobre. Quand on peut voir si nettement les défauts des autres, c'est qu'on les a.

26 octobre. On est toujours étonné de voir un homme et une femme rester, côte à côte, silencieux et froids. On oublie qu'ils couchent peut-être ensemble.

28 octobre. Le compliment est agréable comme un petit vent du nord, mais il ne fait pas marcher à la voile.

13 décembre. On dit d'un mot qu'il est profond quand il n'est pas spirituel.

1909

5 janvier. L'homme de goût s'entraîne à mépriser les grands hommes.

6 janvier. Il ne faut pas blaguer les amis : c'est encore ce qu'on a de mieux.

19 janvier. Le cœur bat comme un fléau dans une grange.

28 février. La littérature est un métier où il faut sans cesse recommencer la preuve qu'on a du talent pour des gens qui n'en ont aucun.

Le goût, ça peut être la peur de la vie et de la beauté.

10 mars. Il y a la fausse modestie, mais il n'y a pas de faux orgueil.

20 avril. Ma fidélité de mari, chose comique, consolide ma réputation littéraire.

26, 27 avril. Supériorité de la conversation du commis voyageur qui travaille sur celle de l'automobiliste qui ne fait rien et ne parle que de pannes.

4 mai. Il y a des gens qui n'arrivent à la concision qu'avec une gomme à effacer : ils suppriment des mots nécessaires.

On devrait écrire comme on respire. Un souffle harmonieux, avec ses lenteurs et ses rythmes précipités, toujours naturel, voilà le symbole du beau style.

On ne doit au lecteur que la clarté. Il faut qu'il accepte l'originalité, l'ironie, la violence, même si elles lui déplaisent. Il n'a pas le droit de les juger. On peut dire que ça ne le regarde pas.

5 mai. Femmes décolletées dont la poitrine fraîche et chaude remue comme un potage printanier.

Sourires des grues. C'est charmant. Ça naît et s'efface avec une rapidité !... Des éclairs de chaleur.

22 mai. Le bonheur, c'est de le chercher.

— À l'entrée de l'hiver, dit-il, j'ai envie de me marier. Il fait froid, le restaurant est loin. J'ai besoin de me créer un foyer. Au printemps, ça passe.

24 mai. J'ai vu le bonheur, hier. C'était, après une journée de chaleur brûlante, une corbeille de rosiers qui recevaient le jet continu d'une pomme d'arrosoir. « Oui, oui ! C'est bon », disaient-ils de toutes leurs feuilles.

J'ai la certitude qu'une humanité chaste serait infiniment supérieure.

31 mai. Le bonheur est aussi fait de sacrifice. Quand vous sacrifiez-vous ?

On ferait d'assez bonne critique si on ne se préoccupait pas toujours de dire plus de bien qu'on n'en pense, ou plus de mal.

5 juin. Si la chasteté n'est pas une vertu, c'est sûrement une force.

Août. Nous voulons le collectivisme pour le château d'en face, pas pour notre petite maison de campagne. Nous la plaçons dans la zone neutre.

Je suis bien décidé à ne plus trouver que je vieillis : c'est une question de vie ou de mort.

Morte par accident ou par suicide, quelle différence, du point de vue religieux ? Dans le premier cas, c'est elle qui a tort, mais, dans le second, c'est Dieu.

Nous ne sommes même pas responsables de nos chagrins.

Que Dieu soit incompréhensible, est-ce donc la plus forte raison pour qu'il existe ?

La mort n'est pas artiste.

16 août. Je vous assure que la bêtise a une espèce d'odeur qui sort d'elle-même. L'homme n'a pas besoin de parler.

22 août. Deuil : le mensonge noir.

Pourvu que le monde reste ridicule !

La vérité désenchante toujours. L'art est là pour la falsifier.

La vie n'est ni longue, ni courte : elle a des longueurs.

28 septembre. Il faudrait une horloge qu'on ne verrait que de dos.

4 décembre. Il faut savoir s'embêter, pour que la vie ne paraisse pas trop courte.

5 décembre. Le romantique regarde une armoire à glace et croit que c'est la mer. Le réaliste regarde la mer et croit que c'est une armoire à glace. Mais l'homme qui a l'esprit juste dit, devant la glace : « C'est une armoire à glace », et, devant la mer : « C'est la mer. »

10 décembre. Quelque chose de plus déplaisant que l'arrivisme, c'est l'étalage de la modestie.

Ce n'est pas un geste de Dieu que je demande. Si seulement je voyais les hommes agir comme ils parlent, je serais vite troublé.

Un gros mot de femme, c'est une limace aux lèvres d'une rose.

J'ai une maladie à observer en moi. Ça vaut presque un crime dans la famille.

Il est admirable que quelques-uns des vivants qui conduisent un mort au cimetière n'éprouvent pas le besoin, pendant qu'ils sont là, de se coucher, par lassitude, dans la tombe.

1910

22 janvier. Mon cœur bat comme un mineur enseveli qui, par des coups irréguliers, donnerait encore des signes de vie.

Le détestable plaisir, presque un remède, d'exercer sur les autres sa mauvaise humeur.

Tous les chênes sont historiques, mais quelques-uns ne s'en vantent pas.

26 janvier. La neige sur l'eau : le silence sur le silence.

1er février. Servitude. Être l'obligé d'un homme qui se conduit comme une fripouille.

Certains menteurs ont un tel besoin de mentir qu'on a pitié d'eux et qu'on les aide.

16 février. Dans mon théâtre, je suis parti de ce principe que les femmes ne trompent jamais les hommes, et réciproquement.

C'est effrayant comme on a de la peine, quand on est en bonne santé, à s'intéresser au mal des autres !

Je ne peux pas me décider à me débarrasser, au moyen de Dieu, de toute difficulté.

22 février. Aujourd'hui, quarante-six ans. Jusqu'où irai-je ? Jusqu'à l'automne[1] ?

23 février. J'entre dans les mauvaises nuits, en attendant la nuit.

Humour : pudeur, jeu d'esprit. C'est la propreté morale et quotidienne de l'esprit. Je me fais une haute idée morale et littéraire de l'humour.

L'imagination égare. La sensibilité affadit.

L'humour, c'est, en somme, la raison. L'homme régularisé.

Aucune définition ne m'a suffi.

---

1. Jules Renard est mort le 22 mai 1910.

D'ailleurs, il y a de tout dans l'humour.

Entre mon cerveau et moi il reste toujours une couche que je ne peux pas pénétrer.

Vivre en s'amusant avec la mort.

Un homme ordinaire ne se connaît pas. Il peut mourir sans rien savoir de son cœur. Je parle du vrai – car, pour l'autre… –, de celui qui bat dans sa poitrine.

L'homme est indifférent comme une montre.

6 mars. Je ne comprends rien à la vie, mais je ne dis pas qu'il soit impossible que Dieu y comprenne quelque chose.

15 mars. Qui n'a point la maladie du scrupule ne doit même pas songer à être honnête.

Repères chronologiques

1824 – Naissance le 22 octobre à Chitry-les-Mines (Nièvre) de François Renard.

1836 – Naissance le 7 novembre à Nogent-en-Bassigny (Haute-Marne) d'Anna-Rosa Colin, fille d'un quincaillier de Langres.

1849 – François Renard, entrepreneur de travaux publics, épouse Anna-Rosa Colin, nièce de son associé.

1858 – Décès en bas âge d'une première fille.

1859 – Naissance d'Amélie (Ernestine dans *Poil de Carotte*).

1862 – Naissance de Maurice (Félix dans *Poil de Carotte*).

1864 – Naissance le 22 février à 9 heures de Pierre-Jules Renard, à Châlons-du-Maine en Mayenne où son père travaille à la construction de la ligne de chemin de fer Laval-Caen.

1866 – La famille s'installe à Chitry-les-Mines.

1872 – En pension avec son frère Maurice à l'institution Saint-Louis, à Nevers.

1880 – Est second prix d'excellence en seconde.

1881 – Deuxième accessit d'excellence en rhétorique, mais échoue à la première partie du baccalauréat. Part seul à Paris suivre les cours de rhétorique, en externe, au lycée Charlemagne. Doit préparer l'École normale supérieure.

1882 – Obtient la première partie du baccalauréat. Suit les cours de philosophie dans ce même lycée.

1883 – Obtient la deuxième partie du baccalauréat. Renonce à préparer l'École normale. Petite pension de son père, commence à fréquenter des hommes de lettres et à écrire dans les journaux.

1885 – Commence en novembre son service militaire à Bourges (Cher). Parution à compte d'auteur du recueil de poèmes *Les roses*.

1886-1887 – Cherche du travail, est admis comme employé. Écrit un roman, *Les cloportes*, et commence à tenir son *Journal*.

1888 – Mariage le 28 avril avec Marie Morneau, 17 ans, qui a 300 000 francs d'espérances (dot). Le couple s'installe chez Mme Morneau, rue du Rocher à Paris. Jules Renard se brouille très vite avec sa belle-mère. Publication en octobre, à compte d'auteur, de son recueil de nouvelles, *Crime de village*.

1889 – Naissance le 2 février, à Chitry-les-Mines, de Jean-François Renard (Fantec dans le *Journal*). Participe en novembre à la fondation du *Mercure de France* et devient avec six parts le plus gros actionnaire.

1890-1891 – Publication en octobre de *Sourires pincés*, recueil de ses textes dans le *Mercure de France* : début de sa carrière littéraire. Renard fréquente Courteline, Huysmans, Descaves, Capus, Barrès. Grand ami de Marcel Schwob, il fréquente le salon d'Alphonse Daudet et le grenier d'Edmond de Goncourt.

1892 – Naissance de Julie-Marie (Baïe dans le *Journal*). Parution de *L'écornifleur*, qui connaît une bonne critique. Commence à publier ses petits textes dans *Le Figaro*, *L'Écho de Paris*, *Gil Blas*. Rencontre Verlaine.

1893 – Parution de *Coquecigrues* et *La lanterne sourde*. Achève l'écriture de sa première pièce, *La demande*, qui sera montée en 1895.

1894 – Parution en octobre du *Vigneron dans sa vigne* et en novembre de *Poil de Carotte*, qui obtient immédiatement un grand succès. Rencontre Anatole France.

1895 – La famille loue une grande maison à Chaumot, à côté de Chitry-les-Mines, qu'elle baptise « La Gloriette ». Les Renard y effectueront de longs séjours chaque année. Fréquente Edmond Rostand, Paul Hervieu, Tristan Bernard. Rencontre Paul et Camille Claudel.

1896 – Assiste aux obsèques de Verlaine. Parution des *Histoires naturelles*, *La maîtresse* et *La demande*.

1897 – Sa pièce *Le plaisir de rompre* est créée aux Bouffes-Parisiens. Suicide de son père.

1898 – Prend position en faveur de Dreyfus avec ses amis de *La Revue blanche*. Fait jouer *Le pain de ménage*, avec Lucien Guitry et publie un recueil de nouvelles, *Bucoliques*.

1899 – Rédige l'adaptation théâtrale de *Poil de Carotte*. Publication de vingt-deux *Histoires naturelles* illustrées de lithographies originales de Toulouse-Lautrec.

1900 – Décès en janvier de son frère Maurice d'une angine de poitrine à 37 ans. Triomphe en mars de la pièce *Poil de Carotte* au Théâtre-Antoine. Élu en mai conseiller municipal de Chaumot. Reçoit en août la Légion d'honneur.

1901 – *Le plaisir de rompre* à la Comédie-Française. Rencontre en décembre Jean Jaurès chez Léon Blum. Travaille à l'adaptation de *L'écornifleur* au théâtre (*Monsieur Vernet*). Commence à s'intéresser à la politique locale et écrit dans *L'Écho de Clamecy*.

1903 – Assiste en juin à la réception d'Edmond Rostand à l'Académie française.

1904 – Parution en avril du premier numéro de *L'Humanité* avec un conte de Renard, *La vieille*. Élu maire en mai de Chitry-les-Mines. Souffre de troubles cardiaques.

1905 – Mort de ses amis Schwob (mars) et Allais (octobre).

1907 – Devient critique dramatique pour le quotidien *Messidor*. Élu en octobre à l'Académie Goncourt où il succède à Huysmans. Quitte *Messidor* pour *Comœdia* (auquel il ne donnera que deux articles).

1908 – Parution des *Mots d'écrit* dans les *Cahiers nivernais*. Parution de *Nos frères farouches, Ragotte* et *Les Philippe*. Mais comme le note Léon Guichard, il sent les approches de la vieillesse et songe à la mort, il se décourage.

1909 – Décès en août de sa mère (après une chute dans le puits de sa maison). Création en octobre de *La bigote* à l'Odéon. Se sent très fatigué.

1910 – Jules Renard meurt le 22 mai à 46 ans au 44, rue du Rocher à Paris, des suites d'une artériosclérose. Il est enterré civilement le 24 à Chitry-les-Mines. Publication des *Causeries* dans les *Cahiers nivernais*.

1912 – *Poil de Carotte* à la Comédie-Française.

1913 – Publication de *L'œil clair* chez Gallimard.

1919 – Parution des *Cloportes*.

1921 – Vente par sa veuve de la bibliothèque de Jules Renard.

1925-1927 – Parution des *Œuvres complètes* en dix-sept volumes : poésies inédites, le *Journal* (cinq volumes), une partie de la correspondance (deux volumes). Le *Journal* est incomplet par suite de la censure de sa veuve, en raison du trop grand nombre de personnalités citées et de la narration de ses infidélités. Une fois recopié, elle aurait également brûlé le manuscrit original. Nombreuses réactions à la suite de la publication du *Journal*.

1927 – *Le pain de ménage* à la Comédie-Française.

1933 – *Monsieur Vernet* à la Comédie-Française.

1934 – Décès du docteur Jean-François Renard à Pougues-les-Eaux à 45 ans.

1938 – Décès de Mme Jules Renard à 67 ans.

1945 – Décès de Marie Renard à 53 ans.

Table

Librio

981

Composition Nord Compo
Achevé d'imprimer en Italie par Grafica Veneta
en avril 2010 pour le compte de E.J.L.
87, quai Panhard-et-Levassor, 75013 Paris
Dépôt légal avril 2010
EAN 9782290019245

Diffusion France et étranger : Flammarion